두툼한 플러시 뜨개실로 쉽고 빠르게 만드는

아미구루미
동물 친구들

참돌

아미구루미 동물 친구들

1판 1쇄 펴냄 2025년 7월 11일

지은이 테리사 키처
옮긴이 조진경
감수자 박상숙
펴낸이 하진석
펴낸곳 참돌

주 소 서울시 마포구 독막로3길 51
전 화 02-518-3919
팩 스 0505-318-3919
이메일 book@charmdol.com
신고번호 제2011-000228 호
신고일자 2011년 8월 11일

ISBN 979-11-88601-59-2 13630

두툼한 플러시 뜨개실로 쉽고 빠르게 만드는

아미구루미
동물 친구들

엉뚱함이 얼마나 중요한지 가르쳐 주신 할머니께
이 책을 바칩니다.

이 책을 읽고 있는 여러분은 이미 플러시사로 코바늘뜨기 하는 것을 좋아하거나 곧 좋아하게 될 사람일 겁니다.

저는 여러 해 동안 아크릴사로 아미구루미를 만든 후, 플러시사로도 떠 보기로 했어요. 하지만 결과가 어떨지 자신도 없었고, 그래서 그것을 좋아하게 될 거라곤 정말 생각도 못 했어요! 단지 플러시사를 선택한 것뿐인데, 더 크고, 더 부드럽고, 더 포근한 동물 인형이 된다니 뭔가 마법 같았죠. 부드러운 플러시사의 깊이감과 질감은 반짝이는 눈, 분홍색 뺨, 늘어진 큰 귀, 앙증맞은 팔과 함께 이 작은 동물 인형들을 살아 있는 것처럼 만들어 줍니다. 여러분이 저와 같다면, 각각의 인형을 완성한 후에는 그 모습에서 독특한 성격을 알게 되어 이름을 붙여 주고 심지어는 그들이 좋아하는 간식도 사 주고 싶다는 생각이 들 겁니다. :)

여러분이 초보자든 숙련된 '아미구루미 작가'든, 제가 여러 해 동안 이 동물들을 만들면서 느꼈던 커다란 기쁨을 여러분도 알게 되길 바랍니다. 저는 2011년에 아미구루미를 알게 되었는데, 굉장한 선물을 받은 것 같았어요. 다른 사람에게 선물하거나 판매할 작은 동물 인형을 만들면서, 엄마가 되기를 소망하던 그 기나긴 기다림의 시간을 바쁘게 보낼 수 있었습니다. 그리고 지금은 소중한 아이들이 잠자리에 든 후, 하루의 긴장을 풀기 위해 아미구루미를 만듭니다.

이 책을 위해 껴안고 싶은 동물 인형을 디자인하는 기회를 갖게 되어 얼마나 감사한 마음인지 모릅니다. 저의 첫 번째 목표는 늘 같습니다. 여러분이 따라 하기 쉬운 패턴을 만드는 것이죠. 그래야 여러분이 긴 하루를 보낸 후 편안하게 휴식을 취할 수 있고 다른 사람을 위한 맞춤 선물을 만들 수 있을 테니까요.

이 책을 선택해 주셔서 감사하고 또 감사합니다. 이제 코바늘과 실을 잡고 여러분만의 플러시 아미구루미를 만들어 보세요.

테리사

아미구루미의 세계로 초대합니다.

사랑스러운 이 동물 인형들은 일본에서 시작된 스타일의 코바늘뜨기로 만든 작품입니다. '아미구루미(Amigurumi)'라는 이름은 'Ami(코바늘 뜨기 또는 대바늘뜨기라는 뜻)'와 'Nuigurumi(봉제 인형이라는 뜻)'의 합성어예요. 아미구루미를 만들 때는 원형단을 연결하거나 편물의 방향을 바꾸는 작업 없이 계속 나선형으로 뜹니다. 그렇게 만들어진 조각들을 꿰매면 입체적이고 귀여운 인형을 만들 수 있답니다.

재료와 도구

뜨개실

이 책에 소개된 아미구루미는 고운 잔털이 있는 플러시사 또는 셔닐사로 만듭니다. 이런 종류의 실을 벨벳사 또는 블랭킷사라고도 하죠. 플러시사는 아주 부드럽지만 뜨개질하기는 까다롭습니다. 그래서 8쪽에서 이 실에 대하여 자세히 설명하고 편안하게 코바늘뜨기를 하는 몇 가지 팁도 드릴게요.

뜨개실을 선택할 때는 반드시 여기에 제시된 실을 사용하지 않아도 됩니다. 무게와 상관없이 면사, 아크릴사, 모사 등 어떤 뜨개실로도 만들 수 있어요. 단, 뜨개실의 무게를 바꾼다면 그에 따라 코바늘의 호수도 꼭 바꾸어야 합니다. 뜨개실의 무게와 그에 맞는 권장 코바늘 호수는 아래 표를 참조하세요. 한 가지 중요한 팁을 드리자면, 아미구루미를 만들 때는 뜨개실의 라벨에 표시된 권장 호수보다 약간 작은 호수의 코바늘을 사용하는 것이 좋아요. 그렇게 해야 코가 더 쫀쫀해져서 인형 안에 넣은 솜이 밖으로 비치지 않아요.

패턴에 제시된 뜨개실의 필요량은 추정치입니다. 뜨개실의 양은 여러분이 얼마나 느슨하게 또는 쫀쫀하게 뜨는지에 따라 달라질 수 있어요. 다른 작품을 뜨고 남은 실을 사용해도 되고 새 실로 시작해도 됩니다.

코바늘

코바늘은 호수와 재질이 다양합니다. 코바늘이 크면 코가 크게 만들어지고, 작으면 작게 만들어집니다. 뜨개실에 맞는 적당한 크기의 코바늘을 사용하는 것이 정말 중요해요. 플러시사로 아미구루미를 뜰 때는 일반적으로 실의 라벨에 표시된 권장 호수보다 2~3호수 작은 코바늘로 떠야 합니다. 하지만 쫀쫀하게 뜨는 사람의 경우, 장력이 너무 세서 실이 끊어질 수 있으니 약간

주로 사용한 실들

번호	2	3	4	5	6	7
분류명	파인	라이트	미디엄	헤비	베리 헤비	슈퍼 헤비
실 종류(영국)	4겹(ply)	더블 니팅 (DK)	아란	청키	슈퍼 청키	점보
실 종류(미국)	스포트	라이트 우스티드	우스티드	벌키	엑스트라 벌키	울트라/로빙
권장 코바늘 (미국 호수)	B-1	B-1~E-4	E-4~7	7~I-9	H/8 ~M/13	L/11 이상
권장 코바늘 (미터법)	2.5mm	2.5~3.5mm	3.5~4.5mm	4~5.5mm	5~9mm	8~10mm

큰 코바늘 사용을 고려해 보는 것도 좋아요. 그리고 코바늘의 재질은 코 사이에서 더욱 매끄럽게 움직일 수 있는 플라스틱이나 금속이 좋습니다. 가능하면 편안함을 위해 인체공학적으로 디자인된 고무 손잡이가 달린 코바늘을 선택하세요. 제가 플러시사로 작업을 할 때 가장 애용하는 코바늘은 프림 에르고노믹Prym Ergonomic 코바늘입니다.

스티치마커

스티치마커는 단순하지만 꼭 필요한 도구입니다. 금속이나 플라스틱으로 된 작은 클립인데, 시작점을 알려 주고 각 단의 콧수를 정확하게 떴는지 확인하는 데 도움이 되지요. 단의 마지막 코에 스티치마커를 끼워 표시한 뒤, 각 단의 끝에서 마커를 한 단 위로 옮깁니다. 새 단을 마치고 스티치마커에 이르면 마커를 빼고 그 코를 뜬 뒤, 방금 뜬 마지막 코에 마커를 끼웁니다.

솜

아미구루미의 속을 채울 솜으로는 폴리에스터 솜을 추천합니다. 이 솜은 세탁이 가능하고 알레르기를 유발하지도 않아요. 코바늘뜨기를 하면서 인형의 조각마다 솜을 채우세요. 머리나 몸통처럼 넓은 부위는 절반 정도 완성했을 때 채우기 시작합니다. 손가락으로 채울 수 없는 아주 가는 부위는 코바늘의 손잡이 뒷부분이나 젓가락을 이용하여 채웁니다. 처음 생각했던 것보다 솜이 더 많이 들어간다는 걸 꼭 기억해야 해요. 솜을 충분히 채우지 않으면 시간이 지나면서 인형 모양이 흐트러질 수 있어요. 반면에 솜을 지나치게 많이 채우면 편물이 늘어나서 솜이 보일 수 있으니 조심하도록 합니다. 적당히 균형을 잡는 것이 중요해요.

주의: 플러시사로 만든 아미구루미는 훨씬 크기 때문에 솜이 아주 많이 필요합니다. 충분히 채우지 않으면 완성된 아미구루미가 헐렁하거나 납작해져서 울퉁불퉁해 보일지도 몰라요.

나사형 인형눈

이 작품들에는 나사형 인형눈을 사용합니다. 나사형 인형눈은 골진 기둥이 있는 앞 구슬과 뒤 와셔라는 2개의 구성품으로 이루어져 있습니다. 와셔는 눈을 제자리에 고정시켜 주는 역할을 하죠. 나사형 인형눈을 끼울 때는 주의해야 하는데, 일단 끼우면 뺄 수 없으므로 와셔를 끼우기 전에 기둥을 원하는 정확한 위치에 꽂도록 합니다. 3살 미만의 유아용 인형을 만들 때는 나사형 인형눈 대신 자수를 놓는 것이 더 안전합니다.

주의: 이 책에서는 사다리꼴 모양의 나사형 인형눈을 사용했는데, 일부는 직접 색칠한 것입니다. 투명한 플라스틱 나사형 인형눈 안쪽에 반짝이는 매니큐어나 아크릴 물감을 칠하면 됩니다. 반짝이는 눈을 만들기 위해 얇게 2~3회 칠합니다.

돗바늘

자수를 놓기 위해서는 바늘 끝이 둥근 기다란 돗바늘이 필요합니다. 일정한 공간에 실을 가르지 않고 돗바늘을 넣으려면 끝이 둥글어야 수월해요. 끝이 굽은 돗바늘은 꿰매기를 할 때 큰 도움이 됩니다.

시침핀

시침핀을 가까이 두면 편리합니다. 인형 조각들을 꿰매기 전에 위치를 잡는 데 도움이 되죠. 시침핀을 사용하면 잘 배치되었는지 모든 각도에서 이중 점검할 수 있어요.

플러시사와 사용법

플러시사는 부드럽고 포근한 작품을 만들 때 즐겨 사용하는 실입니다. 이 실은 벌키(5)부터 점보(7)까지 다양한 두께로 만날 수 있어요. 이제 플러시사로 뜨개질을 할 때 알아야 할 점들을 살펴볼게요.

소재

기술적으로 모든 플러시사는 셔닐사입니다(하지만 상업적으로는 벨벳사 또는 블랭킷사로 불리기도 해요). '셔닐Chenille'은 프랑스어로 애벌레라는 뜻인데, 셔닐사가 애벌레와 비슷한 모양이라 이런 이름이 붙게 되었죠. 셔닐사는 2개의 심실 사이에 짧은 실들을 넣어 가며 심실을 꼬은 뒤, 짧은 실들을 고른 길이로 잘라서 잔털 효과를 낸 실입니다. 겉면의 잔털이 심실과 직각을 이루기 때문에, 이 실로 뜬 편물은 아주 부드럽고 매끄럽습니다. 잔털이 떨어져 나가는 것을 방지하기 위해 실의 심에 저융점 나일론을 덧붙인 뒤 잔털이 제자리에 고정되도록 실에 스팀을 가합니다.

셔닐사는 모양뿐만 아니라 촉감도 솜털이 덮인 애벌레와 비슷합니다. 플라스틱의 일종인 폴리에스테르 합성사로만 만들어서 튼튼하면서도 부드럽지만, 열에 약합니다. 고온에 쉽게 녹기 때문에 다림질은 피해야 하고, 일부 셔닐사는 세탁기에 세탁할 수 없으므로 라벨에 적힌 관리법을 확인해야 해요.

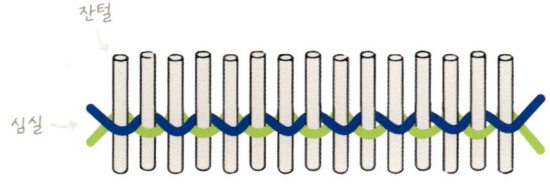

플러시사를 사용할 때의 장점

플러시사는 껴안고 싶은 포근한 인형을 만들기에 아주 적합한 실입니다. 작은 아미구루미를 이 실로 만들면 아이들이 좋아하는 아늑하고 커다란 인형이 되지요. 플러시사를 사용할 때의 장점은 다음과 같아요.

- **빠른 완성:** 일반 면사나 아크릴사보다 훨씬 두꺼워서 작은 아미구루미가 껴안고 싶은 크기의 플러시 인형으로 바뀔 수 있어요. 두꺼운 만큼 코가 커서 아미구루미 작품을 훨씬 빠르게 끝낼 수 있습니다.
- **폭신한 촉감:** 완성된 인형은 코와 코 사이의 구멍이 잘 보이지 않고 다른 실에 비해 훨씬 부드럽습니다.

플러시사를 사용할 때 유용한 팁

아미구루미 뜨기를 이제 막 시작한 초보자의 경우, 플러시사로 뜨기가 쉽지 않을 수 있어요. 금세 완성할 수 있고 완성작이 정말 포근하고 부드러워도 이 실에 익숙해지기까지는 꽤 시간이 걸립니다. 그런 분들을 위해 도움이 될 만한 몇 가지 팁을 알려 드릴게요.

- **코 확인하기:** 처음에는 코를 알아보기가 어려울지도 몰라요. 시작하거나 끝내야 할 곳을 잘 모를 것 같아도 놀라지 마세요. 인내심을 갖고 천천히 하세요. 손가락으로 코를 만져 보는 것도 좋아요. 연습하면 더 분명하게 코를 알아볼 수 있을 겁니다.
- **부드럽게 다루기:** 플러시사는 바느질할 때 망가지고 끊어지기 쉬워요. 세게 당기지 말고 부드럽게 다루세요.
- **풀지 말기:** 실수를 해서 편물을 풀어야 할 경우, 실이 갈라지거나 엉키기 쉬우니 아주 천천히 조심스럽게 풀어야 합니다. 차라리 다음 단에서 코를 늘리거나 줄여서 실수를 '정정'하는 것이 더 나을지도 몰라요.
- **실고리로 원형코 만들기:** 실고리로 원형코를 만들 때, 느슨하게 시작해야 합니다. 그래야 실을 당겨서 원형코를 만들 때 실이 끊어지지 않아요. 실 끝을 살살 흔들면서 가운데를 천천히 막으세요. 18쪽에 이를 대신할 다른 방법(사슬 2코에서 원형코 만들기, 사슬코 연결로 원형코 만들기)들도 설명해 놓았어요.

- **연결할 때 주의점:** 플러시사로는 바느질하기가 까다로울 수 있습니다. 실을 바늘귀에 꿸 때뿐만 아니라 바늘을 코 사이로 넣었다 빼면서 생기는 마찰 때문에 실이 갈라지기 쉽거든요. 따라서 큰 조각을 연결할 때는 같은 색의 일반적인 아크릴사나 면사를 사용하는 것도 방법입니다. 플러시사로 꿰맬 때는 큰 바늘을 사용하고 천천히 살살 꿰매야 실이 끊어지는 것을 막을 수 있습니다.
- **갈라짐:** 갈라짐은 셔닐사에서 흔히 나타나는 현상입니다. 실을 자르고 나면 실 끝에서 떨어져 나오는 잔털들이 있어요. 그럴 때는 실 끝에서 심실 두 가닥을 묶어 매듭을 지으면 됩니다.
- **밝은 색깔 선택:** 초보자일 경우 어두운 색을 선택하면 코를 알아보기가 더 힘드니까 사용하지 않는 것이 좋아요. 밝고 다채로운 색일수록 작업하기가 수월합니다.
- **좋은 뜨개실 사용:** 품질이 좋은 플러시사를 사용하면 끝이 풀리고 끊어지는 문제를 줄일 수 있어요. 아래에서 제가 즐겨 사용하는 브랜드들을 소개할게요.

→ 특히 초보자는 플러시사로 작업하기가 힘들 수 있지만, 결과를 보면 노력할 만한 가치가 분명 있어요. 완성 작품이 **부드럽고 폭신하며 꼭 안아 보고 싶은** 느낌을 주거든요. 인내심을 갖고 연습하면 플러시사로 뜨개질하는 일이 수월해지고 재미도 느끼게 될 겁니다.

주의: 일단 코바늘로 인형을 뜨고 나면 실이 끊어질 위험은 아주 낮아집니다. 편물이 탄탄하여 인형의 내구성이 좋아 갖고 놀기도 괜찮아요.

실 브랜드

이제 제가 즐겨 사용하며 일반적으로 수월하게 구입할 수 있는 실 브랜드들을 소개할게요.

- **프리미어 얀스의 파르페 청키(6):** 제가 사용한 플러시사들 중에서 최고입니다. 아주 부드럽지요. 갈라짐 정도가 최소여서 즐겨 사용합니다.
- **프리미어 얀스의 파르페 청키 XL(7):** 파르페 청키를 점보 굵기로

만든 실입니다. 아주 부드럽지만 바느질을 할 때 쉽게 갈라지므로 조각들을 연결할 때는 아크릴사를 사용하는 것이 좋습니다.
- **호비의 허니 버니(6):** 갈라짐 정도가 보통이고 부드러움도 보통입니다. 추천하는 실이에요.
- **호비의 베이비 스너글(6):** 허니 버니와 비슷하지만 색상이 다릅니다.
- **호비의 투칸(6):** 부드러움이 덜하지 만 갈라짐도 덜해요.
- **에스타코 벨벳(6):** 파르페 청키나 허니 버니에 비견할 만하면서 갈라짐 정도는 보통이에요.
- **루프스 앤 스레즈의 스위트 스너글스 라이트(6):** 부드럽지만 선택할 수 있는 색깔이 많지 않아요. 다른 6 플러시사보다 두꺼워서 실을 섞어서 사용하는 것은 적절하지 않아요.
- **루프스 앤 스레즈의 스위트 스너글스(7)와 셔닐 홈 얀(7):** 갈라짐 정도가 보통인 좋은 점보사입니다. 코를 확인하기 좋아서 초보자에게 적합한 실입니다.
- **제임스 C 브렛의 플루터비 청키(5):** 갈라짐 정도가 보통이고 부드러운 가는 실입니다.
- **페인트박스 얀스의 셔닐(5):** 갈라짐이 심해서 뜨개질하기 어렵습니다.

다음은 제가 사용해 보지 않았지만 리뷰가 좋은 브랜드들입니다.

- **빅 트위스트 플러시**
- **카티아의 밤비**
- **히말라야 돌핀 베이비 얀**
- **히말라야 벨벳 얀**
- **킹 콜의 여미**
- **DMC의 벨벳**
- **샤켄마이어의 럭셔리 벨벳**
- **버넷의 벨벳**

블랭킷사는 위에서 언급한 플러시사 브랜드만큼 부드럽지는 않지만 갈라지거나 끊어지지 않아 인기 있는 대체실입니다. 일반적으로 라벨에 무게 6으로 표시되어 있지만 플러시사 6보다 두꺼워요.

- **프리미어 얀스의 프리미어 베이식스 셔닐 브라이트(6)**
- **알리즈의 벨루토(6)** (yarnstreet.com에서 판매)
- **얀 비의 코지 오케이전** (Hobby Looby에서 판매)
- **버넷의 블랭킷 얀**

대체실:

- **라이언 브랜드의 필즈 라이크 뷰타 씩 앤 퀵:** 감촉은 셔닐사와 비슷하지만 사슬 구조가 다르고 더 튼튼해서 잔털이 적습니다.

플러시사로 작업하기가 어려운가요?

이 책에 소개된 모든 동물 인형은 일반적인 면사로도 만들 수 있어요. 플러시사로 만든 인형이 한 아름 크게 안을 수 있는 크기라면, 같은 디자인이라도 일반적인 면사나 아크릴사로 만들면 갖고 놀기 좋은 손바닥만 한 크기가 됩니다.

주의: 무게가 다른 실로 작업할 경우 인형 머리의 크기에 맞추어 나사형 인형 눈의 크기를 바꾸어야 합니다.

→ **중요 사항:** 면사나 아크릴사를 사용할 때, 인형의 몸통 또는 머리가 다소 짧아 보일지도 몰라요. 플러시사는 시각적으로 몸통을 길어 보이게 하는 경향이 있기 때문이죠. 따라서 이것을 보정하려면 짧은뜨기로 몸통을 1~3단 더 뜨면 됩니다.

면사 인형

셔닐사 인형

시작하기 전에 알아야 할 점

패턴 구조

이 책에서는 계속 나선형으로 떠 나가는 패턴들을 소개합니다. 나선형 뜨기는 새로운 단이 시작하는 곳과 이전 단이 끝나는 곳이 분명하게 드러나지 않기 때문에 헷갈릴 수 있어요. 따라서 어느 단을 뜨고 있는지 알기 위해 단의 끝에 스티치마커나 안전핀을 끼워 표시해야 합니다. 한 단을 뜬 후, 스티치마커의 바로 위에서 단을 끝내야 합니다. 그리고 몇 단을 뜨고 있는지 알기 위해 각 단의 끝에서 스티치마커를 옮깁니다.

패턴의 줄을 시작할 때마다 뜨고 있는 단을 알려 주는 '숫자+단'을 확인하세요. 예를 들어 어느 단을 반복할 경우, '9~12단'이 보이면 그 단을 4회 반복하여 9, 10, 11, 12단을 뜹니다.

대개는 원형뜨기를 하지만, 가끔 평면뜨기를 할 때가 있어요. 이때는 나선형으로 뜨지 않고 앞뒤로 오가면서 뜹니다. 평면뜨기로 바뀔 때는 설명 앞에 평면뜨기를 한다고 표시했습니다. 평면뜨기의 단을 끝낼 때는 사슬뜨기 1코를 뜬 뒤, 편물의 방향을 바꾸어 다음 단을 뜹니다. (별도의 설명이 없는한) 이렇게 돌리는 사슬코는 코로 세지 않고 다음 단을 뜰 때 건너뜁니다.

패턴의 줄 마지막에는 대괄호 [ ] 안에 숫자가 있는데, 이것은 그 단에 있어야 하는 콧수예요. 예를 들어 [9]라고 되어 있으면 9코가 있어야 합니다. 확실하지 않으면 잠시 멈추고 콧수를 확인해 보세요.

단에서 반복되는 구간이 있으면, 괄호 안에 넣고 그 뒤에 반복 횟수를 표시해 놓았습니다. 패턴을 간결하게 만들고 혼란을 줄이기 위함입니다.

코 세기

코 세기는 이어지는 패턴을 제대로 따라 뜨는 데 도움이 됩니다. 코를 셀 때, 매듭을 지은 고리나 코바늘에 걸린 고리(뜨는 고리)는 코로 세지 않아요. 코를 세는 가장 쉬운 방법은 윗면의 V를 보고 세는 거예요. 코가 부족하거나 너무 많으면, 다음 단에서 코를 늘리거나 줄이는 방식으로 정정할 수도 있습니다.

사슬코 세기

V 모양의 사슬 1개는 1코입니다. 매듭을 지은 고리와 코바늘에 걸리는 고리는 코로 세지 마세요. 사슬이 꼬이지 않도록 하고, 사슬 전면이 뜨는 사람 쪽을 향하게 하면 사슬코를 세기가 수월합니다.

아미구루미 갤러리

패턴마다 해당 인형의 전용 온라인 갤러리로 연결되는 URL와 QR 코드를 표기해 놓았습니다. 여러분이 완성한 아미구루미를 게시해도 좋고, 다른 사람들의 작품을 보면서 색깔이나 실에 대한 아이디어를 얻으면서 코바늘뜨개질의 재미를 느껴 보세요. 그저 링크를 따라가거나 스마트폰으로 QR 코드를 스캔하기만 하면 됩니다. iOS 스마트폰은 카메라 모드에서 QR코드가 자동 스캔되며, 안드로이드 스마트폰은 QR 코드 스캔을 활성화하거나 별도의 QR 리더 앱을 설치해야 합니다.

플러시사로 뜬 코를 세기가 어려울 수 있습니다.
이에 대한 손쉬운 팁을 소개할게요.

1. **밝은 조명 활용하기:** 밝은 곳에서는 코를 더욱 똑똑히 볼 수 있어서 정확하게 셀 수 있습니다.

2. **촉감 활용하기:** 때때로 손끝으로 만져 보면 플러시사의 '심실'을 느낄 수 있어요. 눈으로만 세지 말고 직접 만져 보세요. 두 손가락 끝으로 코를 집어 보면 확인하는 데 도움이 됩니다. 여러 단을 뜨고 나면, 새 실과 코바늘 장력을 익히게 되므로 코의 위치를 어느 정도 파악할 수 있을 거예요.

3. **구간 나누기:** 단을 구간으로 작게 나누세요. 필요하면 스티치마커를 추가하여 사용하세요. 구간마다 있어야 하는 콧수를 아는 데 도움이 될 거예요. 이렇게 하면 뜨고 있는 위치를 더 작은 단계로 따라갈 수 있어요.

4. **사소한 실수에 연연하지 않기:** 코가 부족하거나 많더라도 너무 걱정하지 마세요. 3~4코 이상의 차이가 아니라면, 완성 작품이 크게 달라지지 않으니까 다음 단에서 정정하면 됩니다.

뜨기법

아미구루미 인형을 처음 만드는 분이라면, 뜨기법에 대한 설명 부분을 가까이에 두고 보는 것이 유용합니다. 이제부터 설명할 뜨기법들을 알면 이 책에 소개된 아미구루미 인형을 모두 만들 수 있어요. 따라서 인형 하나를 선택하여 만들기 전에 먼저 기본 뜨기법들을 연습해 보면 좋을 것 같아요. 그러면 이 설명을 다시 봐야 하는 일 없이 패턴과 용어를 보다 편안하게 볼 수 있을 겁니다.

참고로 이 책에서 사용된 용어는 미국식 용어입니다.

뜨기법 동영상

각 뜨기법에 대한 설명과 함께 그에 해당하는 동영상으로 연결되는 URL과 QR코드를 표기해 놓았습니다(같은 링크를 통해 왼손잡이를 위한 동영상도 볼 수 있습니다). 동영상에는 여러분이 아미구루미 뜨기를 훨씬 빨리 익히는 데 도움이 되도록 기술이 단계별로 설명되어 있어요. 링크를 따라가거나 스마트폰으로 QR 코드를 스캔하기만 하면 됩니다. iOS 스마트폰은 카메라 모드에서 QR 코드가 자동으로 스캔되며, 안드로이드 스마트폰은 QR 코드 스캔을 활성화하거나 별도의 QR 리더 앱을 설치해야 합니다.

실과 코바늘 잡는 법(손 모양)

일반적으로는 코바늘을 잡는 손은 글씨를 쓰는 손과 같지만, 그것이 규칙은 아닙니다. 뜨개질 방향은 오른손으로 잡을 경우 오른쪽에서 왼쪽이고, 왼손으로 잡을 경우에는 왼쪽에서 오른쪽입니다. 코바늘을 잡는 방법은 여러 가지가 있는데, 다양하게 시도해 보고 자신에게 가장 편안하게 느껴지는 방법을 찾아야 합니다.

연필 그립
연필 잡듯이 코바늘을 잡습니다. 코바늘의 가운데 편평한 부분을 엄지와 검지로 잡고, 중지는 코바늘의 균형을 잡기 위해 반대쪽에 놓습니다.

나이프 그립
나이프를 잡듯이 코바늘을 잡습니다. 코바늘의 한쪽에 엄지를, 반대쪽에 검지와 중지를 놓고, 코바늘의 끝부분은 손바닥에 대고 잡습니다.

실 잡기
바늘을 잡지 않은 손으로 편물을 잡고 동시에 실의 장력을 조절합니다. 실을 손가락들 사이로 걸쳐 잡거나 손바닥과 검지와 중지 사이에 놓습니다. 뜨개질을 하는 동안 실의 장력을 일정하게 유지해야 한다는 점을 명심하세요. 그래야 편물의 코가 일정하게 나옵니다.

장력
뜨개질 초보자에게는 실의 장력을 익히는 것이 어려울 수 있습니다. 여러분만 그런 게 아니에요. 대부분의 초보자가 장력 때문에 힘들어합니다. 뜨는 실의 장력을 유지하려면 실타래에서 실을 길게 풀어내어 뜨는 것이 도움이 될 수 있어요(타래가 묵직해서 실이 팽팽하게 당겨지면 장력이 더 팽팽해지거든요). 그리고 코바늘을 잡지 않은 손의 손가락들에 실을 감으세요.

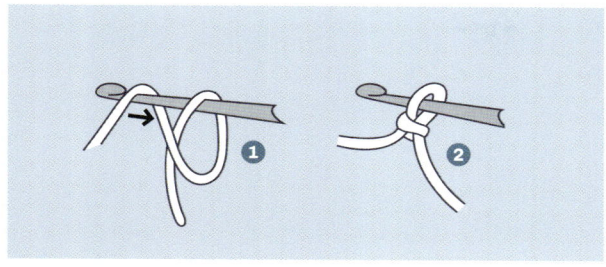

매듭지은 고리(Slip Kont)

코바늘뜨기를 시작할 때 가장 먼저 알아야 할 기술은 코바늘에 매듭지은 고리를 만드는 것입니다. 이 일은 코바늘뜨기를 시작할 수 있도록 코바늘에 실을 거는 것과 같죠.

1단계: 실을 감아 고리 모양으로 만드는데, 짧은 가닥이 긴 가닥 뒤에 있도록 합니다. 만든 고리에 코바늘을 넣어 긴 가닥을 잡아 고리 사이로 뺍니다.

2단계: 양 실 끝을 당겨서 코바늘에 걸린 고리의 매듭을 조입니다.

QR코드를 스캔하거나 www.stitch.show/slipknot에서 동영상을 확인하세요.

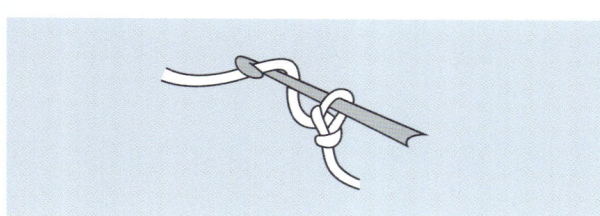

실 감기(Yarn Over)

실 감기는 코바늘뜨기의 모든 뜨기법에 사용되는 기술입니다. 코바늘로 실을 뒤에서 앞으로 감습니다. 이제 코바늘 끝에 실이 감겨 있기 때문에 코바늘로 실을 잡아 뺄 수 있습니다.

QR코드를 스캔하거나 www.stitch.show/yoh에서 동영상을 확인하세요.

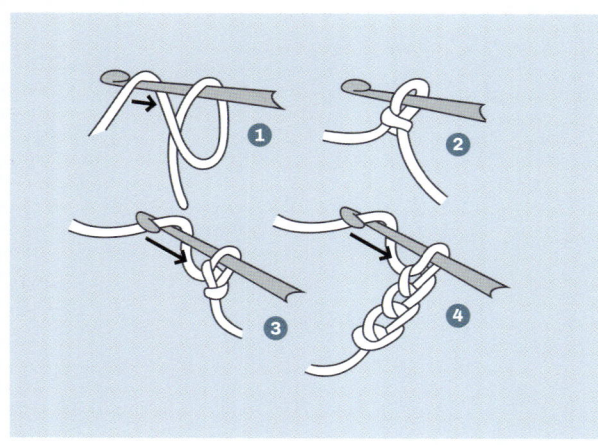

사슬뜨기(Chain)

평면뜨기를 할 경우, 첫 단은 사슬뜨기를 연달아 합니다.

1단계: 코바늘로 실을 잡아 고리 사이로 잡아 뺍니다.

2단계: 고리를 조입니다.

3단계: 코바늘로 실을 뒤에서 앞으로 감습니다. 코바늘을 당기면서 코바늘에 걸린 고리 사이로 실을 잡아 뺍니다. 이제 사슬코 1코를 만들었습니다.

4단계: 1~3단계를 반복하여 패턴에 지시된 대로 기초사슬코를 만듭니다.

QR코드를 스캔하거나 www.stitch.show/ch에서 동영상을 확인하세요.

코바늘 넣기
(코바늘을 넣는 위치)

사슬뜨기를 제외한 모든 코바늘뜨기를 할 때 코바늘을 기존의 코에 넣어야 합니다. 이전 단 코의 윗면 두 고리 아래로 코바늘을 넣습니다. 이때 코의 앞에서 뒤로 넣습니다. 코바늘 끝은 항상 아래쪽이나 옆쪽을 향해야 코바늘이 실이나 편물에 걸리지 않아요.

앞고리뜨기 또는 뒷고리뜨기를 해야 할 때는 고리 하나는 건드리지 않고 뜹니다.

앞고리뜨기에서 코바늘 넣기

앞고리뜨기를 할 때는 몸쪽의 앞고리만 들어 올립니다.

뒷고리뜨기에서 코바늘 넣기

뒷고리뜨기를 할 때는 바깥쪽의 뒷고리만 들어 올립니다.

QR코드를 스캔하거나
www.stitch.show/
FLO-BLO에서 동영상을
확인하세요.

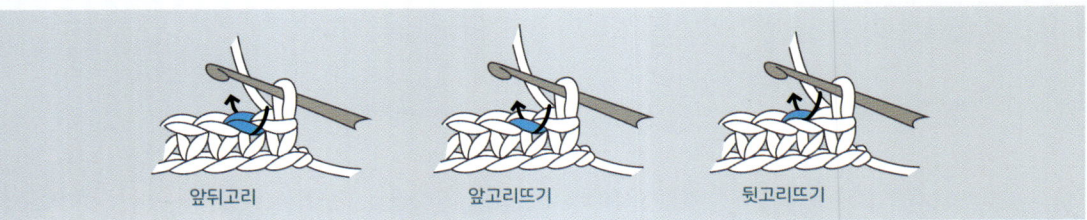

앞뒤고리   앞고리뜨기   뒷고리뜨기

짧은뜨기 (Single Crochet)

짧은뜨기는 이 책에서 가장 자주 사용되는 뜨기법입니다.

1단계: 코바늘을 다음 코에 넣습니다.

2단계: 코바늘로 실 감기를 한 뒤, 코 사이로 잡아 뺍니다. 이제 코바늘에는 고리 2개가 있습니다.

3단계: 다시 코바늘로 실 감기를 하여 코바늘에 걸린 2개의 고리 사이로 한 번에 잡아 뺍니다.

4단계: 이제 짧은뜨기 1코를 완성했습니다.

5단계: 계속 짧은뜨기를 하기 위해 코바늘을 다음 코에 넣습니다.

QR코드를 스캔하거나
www.stitch.show/
sc에서 동영상을
확인하세요.

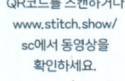

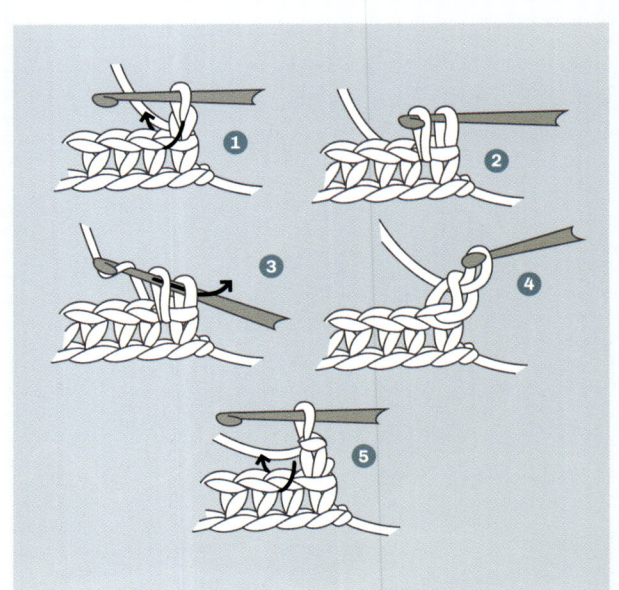

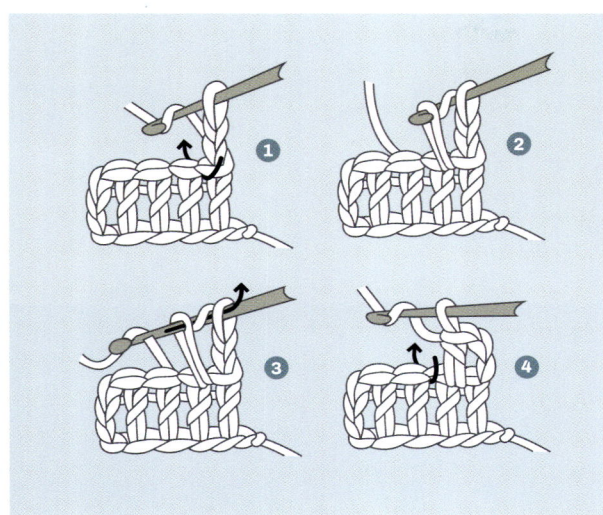

긴뜨기(Half Double Crochet)

1단계: 코바늘로 뒤에서 앞으로 실 감기를 한 뒤 코바늘을 코에 넣습니다.

2단계: 코바늘로 실 감기를 하고 코 사이로 잡아 뺍니다. 이제 코바늘에는 고리 3개가 있습니다.

3단계: 다시 코바늘로 실 감기를 하여 코바늘에 걸린 3개의 고리 사이로 한 번에 잡아 뺍니다. 이제 긴뜨기 1코를 완성했습니다.

4단계: 계속 긴뜨기를 하기 위해 코바늘로 실 감기를 하고 다음 코에 넣습니다.

QR코드를 스캔하거나 www.stitch.show/ hdc에서 동영상을 확인하세요.

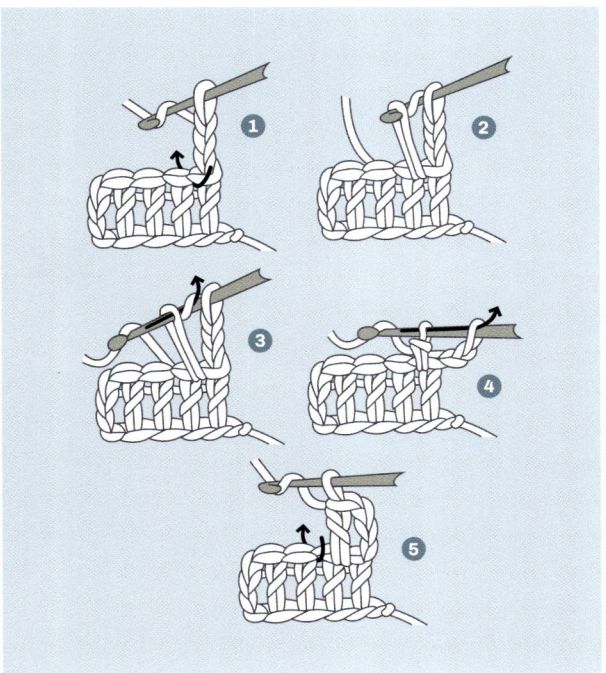

한길긴뜨기(Double Crochet)

1단계: 코바늘로 뒤에서 앞으로 실 감기를 한 뒤 코바늘을 코에 넣습니다.

2단계: 코바늘로 실 감기를 하고 코 사이로 잡아 뺍니다. 이제 코바늘에는 고리 3개가 있습니다.

3단계: 다시 코바늘로 실 감기를 하여 코바늘에 걸린 처음 2개의 고리 사이로 잡아 뺍니다. 이제 코바늘에는 2개의 고리가 있습니다.

4단계: 마지막으로 실 감기를 하여 코바늘에 걸린 2개의 고리 사이로 잡아 뺍니다. 이제 한길긴뜨기 1코를 완성했습니다.

5단계: 계속 한길긴뜨기를 하기 위해 코바늘로 실 감기를 하고 다음 코에 넣습니다.

QR코드를 스캔하거나 www.stitch.show/ dc에서 동영상을 확인하세요.

QR코드를 스캔하거나 www.stitch.show/ slst에서 동영상을 확인하세요.

빼뜨기 (Slip Stitch)

빼뜨기는 한 번에 1코 이상 건너뛸 때 또는 마무리할 때 사용됩니다.

1단계: 다음 코에 코바늘을 넣습니다.

2단계: 코바늘로 실 감기를 하여 코와 코바늘에 걸린 고리 사이로 한 번에 잡아 뺍니다.

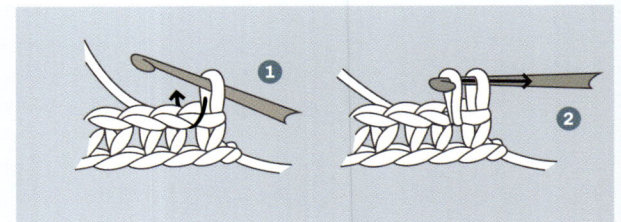

보이지 않게 줄이기 (Invisible Decrease)

줄이기는 두 코를 함께 뜹니다. 이렇게 하면 원형단의 콧수가 줄어들고 편물이 줄어듭니다.

1단계: 코바늘을 첫 코의 앞고리에 넣고, 이어서 바로 두 번째 코의 앞고리에 넣습니다. 이제 코바늘에는 3개의 고리가 있습니다.

QR코드를 스캔하거나 www.stitch.show/dec에서 동영상을 확인하세요.

2단계: 코바늘로 실 감기를 하여 코바늘에 걸린 처음 2개의 고리 사이로 잡아 뺍니다.

3단계: 다시 코바늘로 실 감기를 하여 코바늘에 걸린 남은 2개의 고리 사이로 잡아 뺍니다. 이제 코 줄이기를 1회 했습니다.

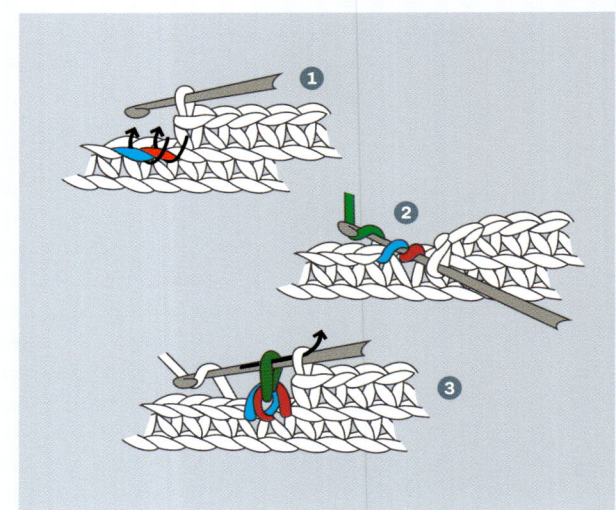

QR코드를 스캔하거나 www.stitch.show/inc에서 동영상을 확인하세요.

늘리기 (Increase)

늘리기는 1코에 짧은뜨기 2코를 뜨면 됩니다. 이런 식으로 새로운 코를 만들면 편물이 넓어집니다.

1단계: 다음 코에 짧은뜨기 1코를 뜹니다.

2단계: 같은 코에 짧은뜨기 1코를 더 뜹니다.

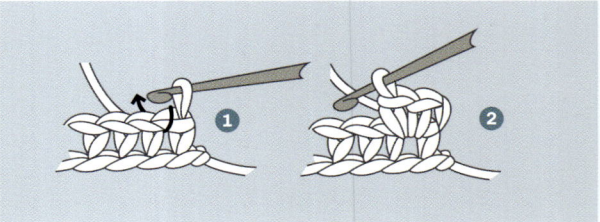

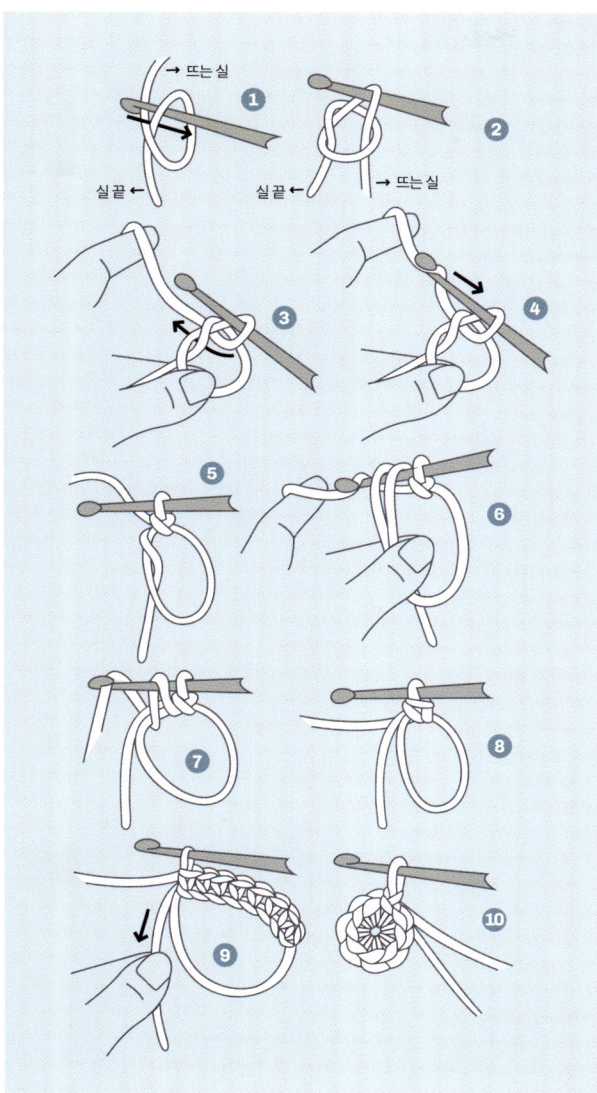

실고리로 원형코 만들기(Magic Ring)

아미구루미 인형을 만들려면 처음에 작은 원이 필요합니다. 이 방법은 시작하는 원형단의 중심에 구멍을 남기지 않기 때문에 원형 뜨기를 시작하는 가장 좋은 방법입니다. 조절할 수 있는 고리 위에서 뜨개질을 시작하고, 필요한 콧수를 뜬 뒤 마지막으로 고리를 조입니다.

1단계: 실을 교차시켜서 원을 만듭니다.

2단계: 코바늘로 고리를 잡아 빼는데, 아직은 고리를 조이지 않습니다.

3단계: 엄지와 중지로 원을 잡고 검지 위에 뜨는 실을 감습니다.

4~5단계: 코바늘로 실 감기를 한 뒤, 코바늘에 걸린 고리 사이로 잡아 빼어 사슬뜨기 1코를 뜹니다.

6단계: 이제 코바늘을 원과 실 끝 아래에 넣습니다. 코바늘로 실 감기를 하고 잡아 뺍니다.

7단계: 코바늘을 계속 원 위에 놓고 다시 실 감기를 합니다.

8단계: 코바늘에 있는 2개의 고리 사이로 실을 잡아 뺍니다. 이제 첫 번째 짧은뜨기를 떴어요. 6, 7, 8단계를 계속하여 패턴에 지시된 콧수만큼 뜹니다.

9~10단계: 이제 실 끝을 잡아 고리의 가운데로 잡아 빼서 바짝 조여 막습니다.

이제부터 원형코의 첫 번째 짧은뜨기에서 뜨개질을 해서 두 번째 단을 시작하면 됩니다. 시작하는 곳을 잊지 않기 위해 스티치마커를 사용합니다.

QR코드를 스캔하거나
www.stitch.show/magicring에서
동영상을 확인하세요.

알아 두기: 플러시사로는 원형코를 만들기 힘들 수 있어요. 힘을 너무 세게 가하면 실이 끊어질 수 있거든요. 끊어짐을 피하려면 **뜨개질을 느슨하게 하고 코를 뜰 때마다 원형코를 차츰차츰 조이면** 됩니다.

이 방법이 자신에게 맞지 않을 경우, 다음과 같은 두 가지 방법을 시도해 볼 수 있습니다. 원형코를 사슬 1코에서 만들거나 사슬코를 연결하여 만드는 것인데, 18쪽에 설명이 있습니다.

QR코드를 스캔하거나
www.stitch.show/2ch에서
동영상을 확인하세요.

사슬 2코에서 원형코 만들기

1단계: 매듭지은 고리 만들기로 시작한 뒤, 사슬뜨기 2코를 뜨고 코바늘로부터 두 번째 코에서 만들어야 할 콧수만큼 짧은뜨기를 합니다.

2단계: 이제 시작할 작은 원이 만들어졌습니다. 첫 번째 짧은뜨기 코에서 다음 단을 시작합니다.

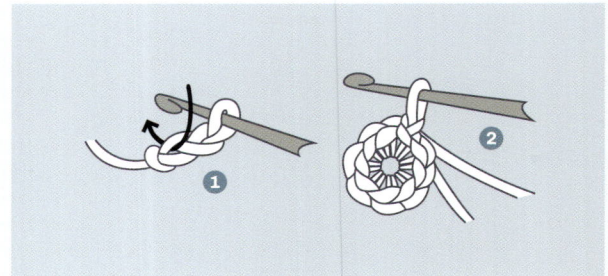

QR코드를 스캔하거나
www.stitch.show/ring에서
동영상을 확인하세요.

사슬코 연결로 원형코 만들기

1단계: 사슬뜨기 6코로 시작하고 첫 번째 사슬코에서 빼뜨기를 하여 고리를 만듭니다.

2단계: 코바늘을 사슬코가 아닌 고리의 중심에 넣고 통상의 방식으로 코를 뜹니다. 고리에서 몇 코를 떠야 하는지는 패턴에 따릅니다.

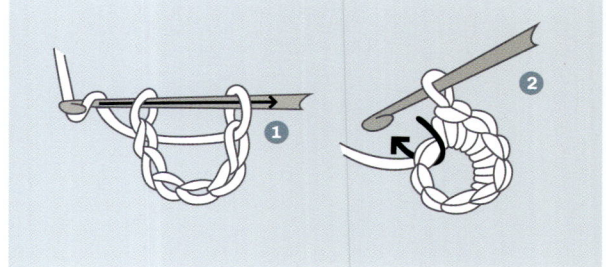

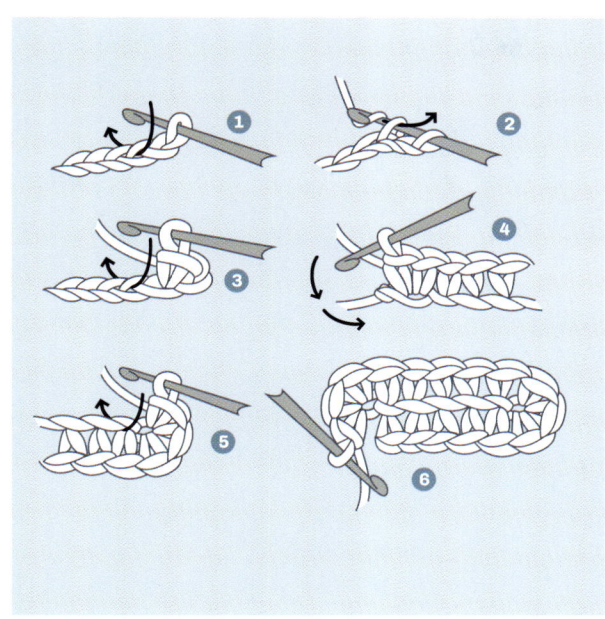

기초사슬코로 타원형뜨기

일부 편물 조각은 타원형으로 시작하는데, 기초사슬코를 돌아가며 뜨는 방법으로 타원형을 만듭니다.

1단계: 패턴에 지시된 콧수만큼 사슬뜨기를 하여 기초사슬코를 만들고 코바늘에 있는 첫 번째 사슬은 건너뜁니다.

2~3단계: 다음 사슬코에서 짧은뜨기 1코를 뜨고, 패턴에 지시된 대로 각 사슬코에서 짧은뜨기를 뜹니다.

4단계: 방향을 바꾸기 전의 마지막 코에서는 일반적으로 늘리기를 합니다.

5단계: 편물의 위아래를 뒤집어 사슬코의 아랫면에서 짧은뜨기를 합니다. 이때 뜰 수 있는 고리가 하나밖에 없는데, 그냥 그 고리에 코바늘을 넣고 각 사슬코에서 짧은뜨기를 뜹니다.

6단계: 기초사슬코에서 다 뜨면, 마지막 코는 가장 먼저 뜬 코 옆에 있게 됩니다. 이제 계속해서 나선형뜨기를 할 수 있습니다.

QR코드를 스캔하거나 www.stitch.show/ oval에서 동영상을 확인하세요.

색깔 바꾸기(배색)

실의 색깔을 바꾸고 싶을 때는 색깔을 바꾸기 2코 전에 해야 합니다.

1단계: 평소대로 짧은뜨기를 뜨는데, 이때 마지막에 고리 사이로 잡아 빼기는 하지 않습니다.

2~3단계: 그 대신에 바꿀 새 실을 코바늘로 감아서 남아 있는 고리들 사이로 잡아 뺍니다.

색깔 바꾸기를 깔끔하게 하려면, 새 실로 하는 첫 코는 짧은뜨기 대신에 빼뜨기로 하면 됩니다. 이때 빼뜨기를 너무 팽팽하게 당기지 마세요. 그러지 않으면 다음 단에서 코바늘뜨기를 하기 어려워질 겁니다. 늘어진 실 끝 두 가닥을 느슨하게 매듭짓고 안쪽에 그대로 둡니다.

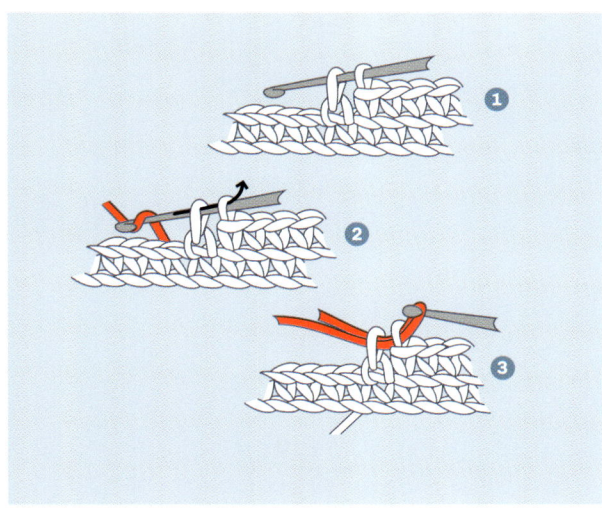

QR코드를 스캔하거나 www.stitch.show/ colorchange에서 동영상을 확인하세요.

매듭지어 마무리하기 (Fastening off)

1단계: 코바늘뜨기를 마치면, 실을 마지막 코에서 5cm 정도 남기고 자릅니다. 남긴 실 끝을 마지막 고리 사이로 다 잡아 뺍니다. 이제 매듭이 지어졌습니다.

2단계: 실 끝을 돗바늘에 꿰어 돗바늘을 다음 코의 뒷고리에 넣습니다. 이렇게 하면 지어진 매듭이 완성된 편물 조각에서 보이지 않습니다. 이 실 끝을 이용하여 편물 조각들을 연결할 수 있어요.

QR코드를 스캔하거나 www.stitch.show/ fastenoff에서 동영상을 확인하세요.

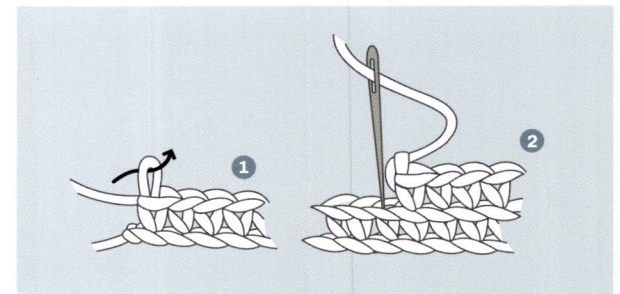

편물의 구멍 막기

1단계: 마지막 단에서 여러 차례 코 줄이기를 하면, 편물 조각의 끝에는 작은 구멍이 남아 있게 됩니다.

2단계: 편물 조각의 마지막에 남겨 둔 실 끝을 돗바늘에 꿴 뒤, 돗바늘을 마지막 단 각 코의 앞고리에 넣습니다. 돗바늘을 당겨서 조이고 가장 가까운 코에 돗바늘을 넣어 매듭을 지은 뒤, 실 끝을 편물 조각 안쪽에 숨겨 둡니다.

QR코드를 스캔하거나 www.stitch.show/ closing에서 동영상을 확인하세요.

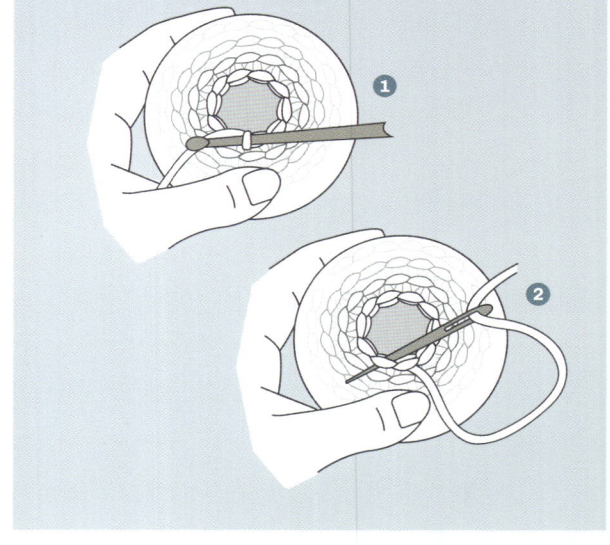

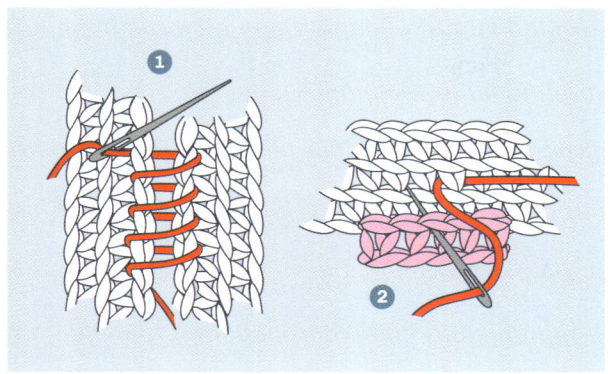

알아 두기 1: 연결할 때는 조각들이 떨어지지 않도록 단단하게 붙여야 합니다. 바늘땀을 촘촘하고 고르게 꿰매고, 가능한 한 바늘땀이 보이지 않게 하세요.

알아 두기 2: 플러시사를 사용하면 꿰매기가 힘들 수 있습니다. 연결할 조각이 클 경우에는 색깔이 같은 **일반 아크릴사나 면사**의 사용을 고려해 보세요. 또는 실 가닥들을 반으로 갈라서 가는 실 가닥으로 꿰매면 더욱 수월하게 꿰맬 수 있습니다.

편물 연결하기(꿰매기)

먼저 꿰매야 할 조각들을 잘 맞추어 놓고 시침핀을 꽂습니다. 이렇게 하면 연결한 결과를 가늠할 수 있고 필요하면 조정할 수도 있어요. 꿰맬 때는 가능하면 매듭지으며 남겨 둔 실을 사용하거나 연결해야 하는 조각들 중 하나와 같은 색깔의 실을 사용합니다.

1. 구멍을 막지 않은 조각들을 연결할 때: 연결할 조각을 몸통의 제 위치에 놓고, 조각과 몸통의 코들을 꿰매어 연결합니다.

2. 구멍을 막은 조각을 연결할 때: 두 조각의 코들을 잘 맞추고 구멍을 막지 않은 조각의 두 고리와 막은 조각의 코를 함께 꿰맵니다. 연결해야 하는 조각과 색깔이 같은 실을 사용합니다.

QR 코드를 스캔하거나 www.stitch.show/ joining-sewing에서 동영상을 확인하세요.

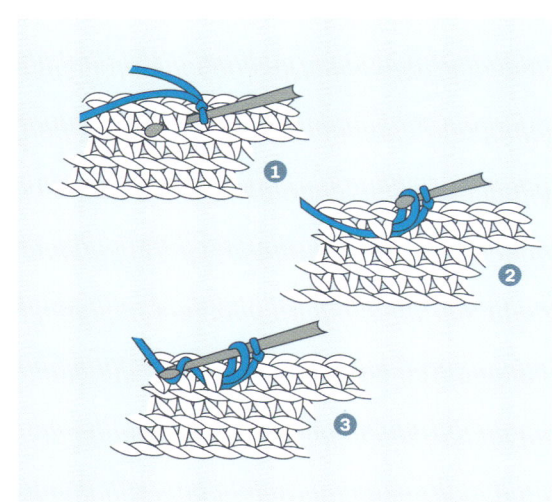

입체짧은뜨기 (Surface Single Crochet)

입체짧은뜨기는 편물의 표면에서 짧은뜨기를 하여 장식을 만드는 기법입니다.

1단계: 매듭지은 고리를 사용하여 코바늘에 실을 묶습니다. 코바늘을 뜨려는 코의 뒤 가로줄에 넣습니다.

2단계: 코바늘로 실 감기를 하여 가로줄 사이로 고리를 잡아 뺍니다.

3단계: 다시 코바늘로 실 감기를 하여 코바늘에 걸린 2개의 고리 사이로 조심스럽게 잡아 뺍니다. 이것이 입체짧은뜨기로 만들 선의 첫 코입니다. 이 작업을 반복하여 편물의 끝까지 가거나 원하는 모양을 만들고 뒤에서 매듭을 짓습니다.

QR 코드를 스캔하거나 www.stitch.show/ surfacesc에서 동영상을 확인하세요.

플러시 박쥐
빈스

빈스는 사람들이 박쥐를 대하는 태도가 다양할 수 있다는 점을 잘 알지만, 자신이 아주 친절하다는 점을 모두에게 알려서 그들을 안심하게 만들고 싶어 합니다. 그러니까 여러분의 집 현관에 빈스나 그의 친구가 매달려 있는 것을 봐도 전혀 걱정할 필요가 없어요. 박쥐에겐 사람들을 두렵게 만들 의도가 전혀 없답니다. 그저 호기심이 많은 동물일 뿐이니까요. 아마 그들은 여러분이 연주하는 훌륭한 음악을 감상하거나 여러분의 집 안을 구경하며 감탄하는 중일 겁니다.

슈퍼 벌키사(6)
단색 박쥐: 검은색(83m),
보라색(약간, 코)
2색 박쥐: 진회색(69m),
보라색(14m + 약간, 코)

코바늘(H-8 또는 5mm)
나사형 인형눈(18mm)
돗바늘, 솜, 시침핀, 스냅단추
(선택 사항, 날개 여닫기용)

실고리로 원형코 만들기(17쪽),
평면뜨기(10쪽)

크기: 키 16.5cm
(제시된 실로 떴을 때)

영감 얻기: 아래 코드를 스캔하거나
www.amigurumi.com/5201에서
다른 사람들의 작품을 보며 아이디어도 얻고
여러분의 작품도 게시해 주세요.

머리 (검은색 실)

1단: 실고리로 원형코 만들기, 짧은뜨기 8 [8]

2단: (늘리기) ×8 [16]

3단: (짧은뜨기 1, 늘리기) ×8 [24]

4단: (짧은뜨기 3, 늘리기) ×6 [30]

5단: (짧은뜨기 4, 늘리기) ×6 [36]

6~11단: 짧은뜨기 36 [36]

12단: (짧은뜨기 4, 줄이기) ×6 [30]

13단: (짧은뜨기 3, 줄이기) ×6 [24]

14단: (짧은뜨기 2, 줄이기) ×6 [18]

15단: (짧은뜨기 1, 줄이기) ×6 [12]

실을 매듭지어 마무리하고 실 끝을 보이지 않게 정리한다. 나사형 인형눈을 10~11단 사이에, 5코 간격을 두고 꽂는다(사진1). 눈의 뒷면에 와셔를 단단하게 눌러 끼운다. 머리에 솜을 채운다.

코 (보라색 실)

보라색 실 한 가닥을 꿴 돗바늘을 머리 아랫부분 구멍에 넣어 두 눈 사이로 빼낸다. 두 눈 사이에서 두 땀을 뜬 뒤, 다시 머리 안쪽을 통과해 아랫부분 구멍으로 빼내어 풀어지지 않도록 처음 실 끝과 매듭을 짓는다(사진 2~3).

귀 (2개, 검은색 실)

1단: 실고리로 원형코 만들기, 짧은뜨기 6 [6]

2단: (짧은뜨기 2, 늘리기) ×2 [8]

3단: (짧은뜨기 3, 늘리기) ×2 [10]

4단: (짧은뜨기 4, 늘리기) ×2 [12]

실을 길게 남기고 매듭지어 마무리한다. 귀에는 솜을 채우지 않아도 된다. 귀를 편평하게 펴고 정수리 3~8단 사이에, 양쪽으로 원형코에서 1단 아래에 꿰매어 붙인다(사진 3).

몸통 (검은색 실)

1단: 실고리로 원형코 만들기, 짧은뜨기 6 [6]

2단: (짧은뜨기 1, 늘리기) ×3 [9]

3단: (짧은뜨기 2, 늘리기) ×3 [12]

4단: (짧은뜨기 3, 늘리기) ×3 [15]

5단: (짧은뜨기 4, 늘리기) ×3 [18]

6단: (짧은뜨기 5, 늘리기) ×3 [21]

7~10단: 짧은뜨기 21 [21]

11단: (짧은뜨기 5, 줄이기) ×3 [18]

12단: (짧은뜨기 1, 줄이기) ×6 [12]

실을 길게 남기고 매듭지어 마무리한다. 몸통에 솜을 채운다. 몸통 윗부분의 12코와 머리 아랫부분의 12코를 꿰매어 연결한다(사진 4).

날개 (검은색 실로 각 날개에 2개씩 총 4개 또는 진회색 실 2개와 보라색 실 2개)

주의: 날개 색은 두 가지 중에 선택하여 만든다. 모두 단색(사진 7)으로 만들어도 되고 2색(배색, 그림 11)으로 만들어도 된다. 두 방법 모두 1~11단은 같은 방법으로 뜨지만, 날개와 날개를 연결하는 방법은 단색이냐 2색이냐에 따라 다르다(아래 참조).

사슬뜨기 15. 이제부터 평면뜨기를 한다.

1단: 코바늘에서 두 번째 코부터 시작, 짧은뜨기 14, 사슬뜨기 1, 방향 바꾸기 [14]

2단: 짧은뜨기 14, 사슬뜨기 1, 방향 바꾸기 [14]

3단: 짧은뜨기 14, (사슬뜨기 1 하지 않음), 방향 바꾸기 [14]

4단: 1코 건너뛰기, 빼뜨기 2, 짧은뜨기 11, 사슬뜨기 1, 방향 바꾸기 [13]

5단: 짧은뜨기 11, 사슬뜨기 1, 방향 바꾸기 [11]

마지막 2코는 뜨지 않고 그대로 둔다.

6단: 짧은뜨기 11, 사슬뜨기 1, 방향 바꾸기 [11]

7단: 짧은뜨기 11, (사슬뜨기 1 하지 않음), 방향 바꾸기 [11]

8단: 1코 건너뛰기, 빼뜨기 2, 짧은뜨기 8, 사슬뜨기 1, 방향 바꾸기 [10]

9단: 짧은뜨기 8, 사슬뜨기 1, 방향 바꾸기 [8]

마지막 2코는 뜨지 않고 그대로 둔다.

10단: 짧은뜨기 8, 사슬뜨기 1, 방향 바꾸기 [8코]

11단: 짧은뜨기 8 [8]

단색 날개 연결하기

첫 번째 날개 조각의 실을 길게 남기고 매듭지어 마무리한다. 두 번째 날개 조각을 만드는데, 이번에는 마무리하지 않는다. 두 날개 조각을 서로 포개 놓고(사진 5), 직선으로 된 세 가장자리를 따라 두 겹을 모두 통과시키면서 다음과 같이 마감 단을 떠서 연결한다.

마감 단: 짧은뜨기 8, 짧은뜨기 11, 짧은뜨기 14 [33]

실을 길게 남기고 매듭지어 마무리한다. 남긴 실을 돗바늘에 꿰어 지그재그 모양 가장자리를 꿰맨다(사진 6). 나중에 몸통에 꿰매어 붙이기 위해 첫 번째 날개 조각의 마지막 실 끝만 남기고, 나머지 모든 실 끝을 보이지 않게 정리한다(사진 7).

2색 날개 연결하기

진회색 날개 두 조각의 실 끝을 매듭지어 마무리하고 실 끝을 보이지 않게 정리한다. 보라색 날개 두 조각의 실 끝을 길게 남기고 매듭지어 마무리한다. 진회색 조각 위에 보라색 조각을 올려놓는데, 하나는 왼쪽으로, 다른 하나는 오른쪽으로 향하게 한다(사진 11).

왼쪽과 오른쪽 날개의 연결 방법이 다르니 주의한다.

왼쪽 날개

진회색 마지막 실 끝을 가지고 코바늘에 매듭지은 고리를 만든다. 바깥쪽 모서리부터 시작하여(사진 8), 직선으로 된 두 가장자리를 따라 두 겹을 모두 통과시키면서 다음과 같이 마감 단을 떠서 연결한다(사진 8).

마감 단: 오른쪽 가장자리를 따라 올라가며 짧은뜨기 10, 위쪽 가장자리에서 짧은뜨기 14 [24](사진 9)

실을 길게 남기고 매듭지어 마무리한다. 실 끝을 날개 안쪽 면에 보이지 않게 통과시키면서 안쪽 모서리에서 바깥으로 빼내면, 나중에 날개를 몸통에 꿰맬 수 있다. 이제 보라색 실 끝을 돗바늘에 꿰어 날개의 직선으로 된 열린 가장자리와 지그재그 모양의 가장자리를 따라 꿰맨다. 이때 보라색 조각에 있는 2개의 고리와 진회색 조각에 있는 앞고리만 이용하여 꿰맨다(사진 10). 이렇게 하면 진회색 날개의 뒷면에서 바늘땀이 보이지 않는다. 꿰매어 붙이기 위해 진회색 마지막 실 끝만 길게 남기고, 모든 실 끝을 보이지 않게 정리한다(사진 11).

오른쪽 날개
진회색 마지막 실 끝을 가지고 코바늘에 매듭지은 고리를 만든다. 위 오른쪽 모서리부터 시작하여, 직선으로 된 두 가장자리를 따라 두 겹을 모두 통과시키면서 다음과 같이 마감 단을 떠서 연결한다.

마감 단: 위쪽 가장자리에서 짧은뜨기 13, 가장자리를 따라 내려가며 짧은뜨기 11 [24]
실을 길게 남기고 매듭지어 마무리한다.

이제 보라색 실 끝을 돗바늘에 꿰어 날개의 직선으로 된 열린 가장자리와 지그재그 모양의 가장자리를 따라 꿰맨다. 이때 보라색 조각에 있는 2개의 고리와 진회색 조각에 있는 앞고리만 이용하여 꿰맨다. 이렇게 하면 진회색 날개의 뒷면에서 바늘땀이 보이지 않는다.
꿰매어 붙이기 위해 진회색 마지막 실 끝만 길게 남기고 모든 실 끝을 보이지 않게 정리한다.

몸통에 날개 연결하기

남겨 둔 검은색(또는 진회색) 실 끝을 이용하여 몸통 뒷면에 날개를 꿰매어 붙인다. 이때 양 날개가 겹치지는 않고 끝만 서로 닿게 붙여야 한다.

날개 뒷면 모서리의 5~6코부터 시작하여 꿰맨 뒤(사진 12), 이 코들을 한 번 더 꿰매어 날개를 단단히 붙인다.

다음은 돗바늘을 통과시켜 날개 앞면으로 가져간 뒤, 날개 안쪽을 따라 5~6코를 꿰매어 몸통에 붙인다(사진 13). 이렇게 하면 날개를 더욱 튼튼하게 붙일 수 있다(사진 14).

주의: 스냅단추나 자석, 벨크로를 붙이면 날개를 여닫을 수 있다. 어린 유아용 인형의 경우 부재료를 달 때 주의해야 한다(사진 15).

플러시 꿀벌
버크

꿀을 모으느라 분주한 꿀벌 버크를 만나 보세요. 우리는 버크에게 인터뷰 요청을 했었는데,
그는 이렇게 말하더군요. "찾아가야 할 꽃은 너무 많은데, 시간이 너무 없어요!"
그러고는 윙 소리를 내며 기운차게 날아가 버렸어요.

슈퍼 벌키사(6)
노란색(55m),
검은색(23m), 흰색(23m)
연분홍색(약간, 뺨)

코바늘 (H-8 또는 5mm)
나사형 인형눈 (18mm)
검은색 자수실 또는 미디엄사
(입과 눈썹)
돗바늘, 솜

실고리로 원형코 만들기(17쪽),
평면뜨기(10쪽), 색깔 바꾸기(19쪽)

크기: 키 24cm
(제시된 실로 떴을 때)

영감 얻기: 아래 코드를 스캔하거나
www.amigurumi.com/5202에서
다른 사람들의 작품을 보며 아이디어도
얻고 여러분의 작품도 게시해 주세요.

머리 (노란색 실)

1단: 실고리로 원형코 만들기, 짧은뜨기 8 [8]

2단: (늘리기) ×8 [16]

3단: (짧은뜨기 1, 늘리기) ×8 [24]

4단: (짧은뜨기 3, 늘리기) ×6 [30]

5단: (짧은뜨기 4, 늘리기) ×6 [36]

6~11단: 짧은뜨기 36 [36]

12단: (짧은뜨기 4, 줄이기) ×6 [30]

13단: (짧은뜨기 3, 줄이기) ×6 [24]

14단: (짧은뜨기 2, 줄이기) ×6 [18]

15단: (짧은뜨기 1, 줄이기) ×6 [12]

매듭지어 마무리하고 실 끝을 보이지 않게 정리한다. 머리에 솜을 채우기 시작한다. 나사형 인형눈을 10~11단 사이에 5코 간격을 두고 꽂는다 (사진 1). 눈의 뒷면에 와셔를 단단하게 눌러 끼운다. 머리에 솜을 마저 채운다.

입과 눈썹

입의 자수를 놓기 위해, 검은색 자수실을 꿴 돗바늘을 머리 아랫부분 구멍에 넣고 두 눈 사이에서 잡아 뺀다. 'V' 모양으로 자수를 놓는다(사진 2). 머리 안쪽의 솜을 통과하여 13단의 눈 위에서 돗바늘을 빼낸다. 각각의 눈 위에서 비스듬하게 한 땀을 꿰매어 눈썹을 수놓는다. 다시 머리 안쪽을 통과해 아랫부분 구멍으로 실을 빼내어 풀어지지 않도록 처음 실 끝과 매듭을 짓는다(사진 3).

뺨

뺨을 수놓기 위해 연분홍색 실을 꿴 돗바늘을 머리 아랫부분 구멍에 넣고 눈 바로 밑에서 잡아 뺀다. 각각 작게 세 땀씩 수를 놓아 뺨을 만든다(사진 4~5). 매듭을 지어 실이 풀어지지 않게 하고, 실 끝을 보이지 않게 정리한다.

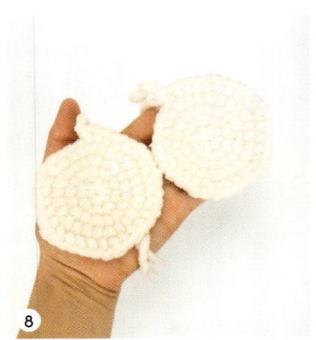

더듬이 (2개, 검은색 실)

1단: 실고리로 원형코 만들기, 짧은뜨기 6 [6]

2단: 늘리기, 짧은뜨기 5 [7]

3단: 짧은뜨기 7 [7]

4단: 줄이기, 짧은뜨기 3, 줄이기 [5]

5~7단: 짧은뜨기 5 [5]

실 끝을 길게 남기고 자른 뒤 매듭지어 마무리한다. 원할 경우, 더듬이의 둥근 부분에 솜을 약간 채워도 된다. 더듬이를 머리의 원형코에서 양쪽으로 1단 아래에 놓고 꿰매어 붙인다(사진 6).

몸통 (검은색 실로 시작)

1단: 실고리로 원형코 만들기, 짧은뜨기 4 [4]

2단: (짧은뜨기 1, 늘리기) ×2 [6]

3단: (짧은뜨기 1, 늘리기) ×3 [9]

노란색 실로 바꾼다.

4단: 빼뜨기 1, 짧은뜨기 1, 늘리기, (짧은뜨기 2, 늘리기) ×2 [12]

5단: (짧은뜨기 3, 늘리기) ×3 [15]

6단: (짧은뜨기 4, 늘리기) ×3 [18]

검은색 실로 바꾼다.

7단: 빼뜨기 1, 짧은뜨기 4, 늘리기, (짧은뜨기 5, 늘리기) ×2 [21]

8~9단: 짧은뜨기 21 [21]

노란색 실로 바꾼다.

10단: 빼뜨기 1, 짧은뜨기 20 [21]

11~12단: 짧은뜨기 21 [21]

검은색 실로 바꾼다.

13단: 빼뜨기 1, 짧은뜨기 20 [21]

14단: (짧은뜨기 5, 줄이기) ×3 [18]

15단: (짧은뜨기 4, 줄이기) ×3 [15]

노란색 실로 바꾼다.

16단: 빼뜨기 1, 짧은뜨기 2, 줄이기, (짧은뜨기 3, 줄이기) ×2 [12]

실을 길게 남기고 자른 뒤 매듭지어 마무리한다. 몸통에 솜을 채운다. 몸통 윗부분의 12코와 머리 아랫부분의 12코를 꿰매어 연결한다. 목 연결 부분이 헐렁하지 않도록 솔기를 막기 직전에 솜을 좀 더 채워야 할 수도 있다(사진 7).

날개 (한쪽에 2개씩 총 4개, 흰색 실)

1단: 실고리로 원형코 만들기, 짧은뜨기 8 [8]

2단: (늘리기) ×8 [16]

3단: (짧은뜨기 1, 늘리기) ×8 [24]

4단: (짧은뜨기 3, 늘리기) ×6 [30]

5단: (짧은뜨기 4, 늘리기) ×6 [36]

첫 번째 조각의 실을 자르고 매듭을 지어 마무리한 뒤, 실 끝을 보이지 않게 정리한다(사진 8). 두 번째 조각의 실은 마무리하지 않는다. 이제 다음과 같이 첫 번째 조각과 두 번째 조각을 연결한다.

날개 연결하기

날개 첫 번째 조각과 두 번째 조각을 '안쪽 면'끼리 맞닿도록 포개어 놓고, 두

겹을 함께 통과시키면서 다음과 같이 마감 단을 떠서 연결한다.

마감 단: 짧은뜨기 36 [36] (사진 9)

실을 길게 남기고 자른 뒤 매듭지어 마무리한다.

몸통에 날개 붙이기

날개를 몸통 뒷면 9~16단 사이에 날개 가장자리의 6코가 서로 닿도록 놓고 시침핀을 꽂는다. 날개의 앞과 뒤를 따라 날개의 6~7코를 몸통에 꿰매어 붙인다 (사진 10). 그리고 몸통에서 코가 보이지 않도록 두 날개의 연결 부분을

따라 등에서 여러 코를 꿰매어 붙인다 (사진 11).

팔 (2개, 노란색 실)

사슬뜨기 5. 평면뜨기를 한다.

1단: 코바늘에서 두 번째 코부터 시작, 짧은뜨기 4 [4]

실을 길게 남기고 자른 뒤 매듭지어 마무리한다. 두 팔을 몸통 양옆, 머리 바로 아래에 꿰매어 붙인다 (사진 12).

플러시 나비
벨라

벨라는 할인 판매하는 좋은 뜨개실을 보면 그냥 지나치지 못합니다. 왠지 이유를 설명할 수는 없지만 뜨개실에 특별한 유대감을 느끼는 것 같아요. 꽃을 떠올리게 만드는 실을 보면 반드시 구입해서 매일 날아다니며 보았던 온갖 꽃들을 뜰 계획을 세웁니다.

슈퍼 벌키사(6)
분홍색(59m),
흰색(37m)

코바늘(H-8 또는 5mm)
나사형 인형눈(18mm)
검은색 자수실 또는 미디엄사
(입과 눈썹)
돗바늘, 솜

실고리로 원형코 만들기(17쪽),
평면뜨기(10쪽), 색깔 바꾸기(19쪽),
빼뜨기(16쪽)

크기: 키 16.5cm
(제시된 실로 떴을 때)

머리 (분홍색 실)

1단: 실고리로 원형코 만들기, 짧은뜨기 8 [8]

2단: (늘리기) ×8 [16]

3단: (짧은뜨기 1, 늘리기) ×8 [24]

4단: (짧은뜨기 3, 늘리기) ×6 [30]

5단: (짧은뜨기 4, 늘리기) ×6 [36]

6~11단: 짧은뜨기 36 [36]

12단: (짧은뜨기 4, 줄이기) ×6 [30]

13단: (짧은뜨기 3, 줄이기) ×6 [24]

14단: (짧은뜨기 2, 줄이기) ×6 [18]

15단: (짧은뜨기 1, 줄이기) ×6 [12]

매듭을 지어 마무리하고 실 끝을 보이지 않게 정리한다. 나사형 인형눈을 10~11단 사이에 6~7코 간격을 두고 꽂는다(사진 1). 눈의 뒷면에 와셔를 단단하게 눌러 끼운다. 머리에 솜을 채운다.

입과 눈썹

검은색 자수실을 꿴 돗바늘을 머리 아랫부분 구멍에 넣고 11~12단 사이에서 잡아 뺀다. 두 눈 사이에 가로로 한 땀을 뜬 뒤, 1단 아래로 가져가서 빼내고(사진 2) 방금 뜬 땀을 실로 걸어 내려(사진 3) 돗바늘을 뺐던 제자리에 다시 꽂아 'V'자를 만든다(사진 4). 돗바늘을 머리 안쪽으로 통과시켜 13단의 눈 위에서 빼낸다. 각각의 눈 위에서 비스듬하게 한 땀을 떠서 눈썹을 수놓는다(사진 4). 다시 머리 안쪽을 통과해 아랫부분 구멍으로 실을 빼내어 풀어지지 않도록 처음 실 끝과 매듭을 짓는다.

더듬이 (2개, 분홍색 실로 시작)

1단: 실고리로 원형코 만들기, 짧은뜨기 6 [6]

2단: 늘리기, 짧은뜨기 5 [7]

3단: 짧은뜨기 7 [7]

4단: 줄이기, 짧은뜨기 3, 줄이기 [5]

흰색 실로 바꾼다.

5~7단: 짧은뜨기 5 [5]

실을 길게 남기고 자른 뒤 매듭지어 마무리한다. 원할 경우, 더듬이의 둥근 부분에 솜을 약간 채워도 된다. 더듬이를 머리의 원형코에서 양쪽으로 1단 아래에 놓고(사진 5) 꿰매어 붙인다.

몸통 (분홍색 실)

1단: 실고리로 원형코 만들기, 짧은뜨기 4 [4]
2단: (짧은뜨기 1, 늘리기) ×2 [6]
3단: (짧은뜨기 1, 늘리기) ×3 [9]

4단: (짧은뜨기 2, 늘리기) ×3 [12]
5단: (짧은뜨기 3, 늘리기) ×3 [15]
6단: (짧은뜨기 4, 늘리기) ×3 [18]
7단: (짧은뜨기 5, 늘리기) ×3 [21]
8~13단: 짧은뜨기 21 [21]
14단: (짧은뜨기 5, 줄이기) ×3 [18]
15단: (짧은뜨기 4, 줄이기) ×3 [15]
16단: (짧은뜨기 3, 줄이기) ×3 [12]

실을 길게 남기고 자른 뒤 매듭지어 마무리한다. 몸통에 솜을 채운다. 몸통 윗부분의 12코와 머리 아랫부분의 12코를 꿰매어 연결한다. 목 연결 부분이 헐렁하지 않도록 솔기를 막기 직전에 솜을 좀 더 채워야 할 수도 있다(사진 6).

날개

윗날개 (각 날개에 2개씩 총 4개, 흰색 실)

1단: 실고리로 원형코 만들기, 짧은뜨기 8 [8]
2단: (늘리기) ×8 [16]
3단: (짧은뜨기 1, 늘리기) ×8 [24]
4단: (짧은뜨기 3, 늘리기) ×6 [30]

실을 자르고 매듭을 지어 마무리한 뒤 실 끝을 보이지 않게 정리한다.

아랫날개 (각 날개에 2개씩 총 4개, 흰색 실)

1단: 실고리로 원형코 만들기, 짧은뜨기 8 [8]

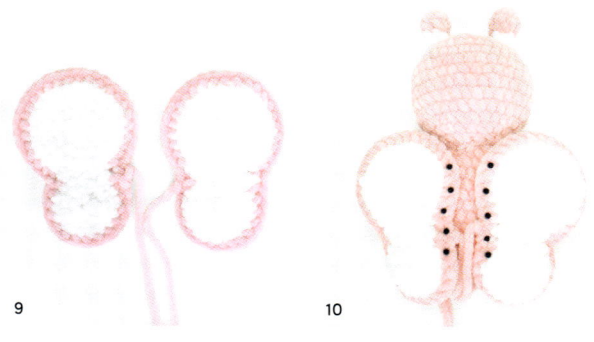

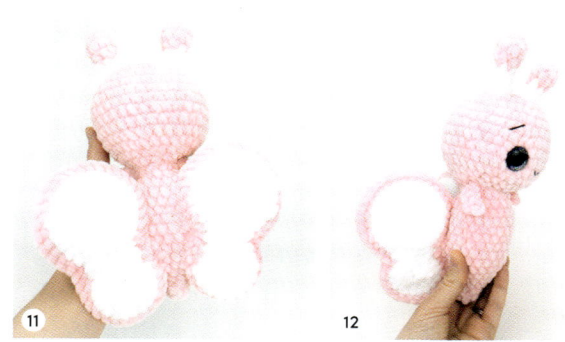

9   10   11   12

2단: (늘리기) ×8 [16]

3단: (짧은뜨기 7, 늘리기) ×2 [18]

실을 길게 남기고 자른 뒤 매듭지어 마무리한다. 윗날개 아래에 아랫날개를 놓고 3코를 꿰매어 '8'자를 만든다(사진 7).

위 단계를 반복하여 모두 4개의 날개 조각을 만든다.

1단: 코바늘에서 두 번째 코부터 시작, 짧은뜨기 4 [4]

실을 길게 남기고 자른 뒤 매듭지어 마무리한다.

두 팔을 몸통 양옆, 머리 바로 아래에 꿰매어 붙인다(사진 12).

날개 연결하기

2개의 흰색 날개를 '안쪽 면'끼리 맞대어 서로 포개어 놓는다.

오른쪽 날개의 경우 날개 조각들 사이의 솔기 왼쪽에서, 왼쪽 날개의 경우 솔기 오른쪽에서 코바늘뜨기를 시작한다(사진 8).

분홍색 실로 코바늘에 매듭지은 고리를 만들고 다음과 같이 날개 조각들의 양옆을 따라가며 마감 단을 떠서 연결한다.

마감 단: 짧은뜨기 42 [42](사진 9)

뜨개질을 끝내기 직전에 분홍색 처음 실 끝과 흰색 실 끝을 날개 안으로 밀어 넣는다.

실을 길게 남기고 자른 뒤 매듭지어 마무리한다.

몸통 뒷면에 2코 간격을 두고 두 날개를 놓고 시침핀을 꽂는다(사진 10). 시침핀을 꽂은 대로 꿰맨다. 각 날개의 윗부분과 아랫부분은 꿰매지 않는다(사진 11).

팔 (2개, 분홍색 실)

사슬뜨기 5. 평면뜨기를 한다.

플러시 돌고래
도티

도티는 태어날 때부터 타고난 곡예사였습니다. 큰 바다에서 살기 때문에 갖고 놀 공과 뛰어넘을
후프를 찾기는 힘들지만, 떠다니는 잡석들을 갖고 독창적으로 노는 법을 익혔습니다.
가끔은 해안에서 떠내려 온 부표나 비치볼 같은 보물을 발견하기도 해요.

슈퍼 벌키사(6)
회색(55m),
연분홍색(약간, 뺨)

코바늘(H-8 또는 5mm)
나사형 인형눈(18mm)
돗바늘, 솜

실고리로 원형코 만들기(17쪽)

크기: 길이 25cm
(제시된 실로 떴을 때)

영감 얻기: 아래 코드를 스캔하거나
www.amigurumi.com/5204에서
다른 사람들의 작품을 보며 아이디어도 얻고
여러분의 작품도 게시해 주세요.

머리와 몸통 (회색 실)

1단: 실고리로 원형코 만들기, 짧은뜨기 6 [6]

2단: (짧은뜨기 1, 늘리기) ×3 [9]

3~4단: 짧은뜨기 9 [9]

5단: (짧은뜨기 2, 늘리기) ×3 [12]

6단: (늘리기) ×6, 짧은뜨기 6 [18]

7단: (짧은뜨기 2, 늘리기) ×3, 짧은뜨기 9 [21]

8단: (짧은뜨기 6, 늘리기) ×3 [24]

9단: (짧은뜨기 3, 늘리기) ×6 [30]

10단: 짧은뜨기 30 [30]

11단: (짧은뜨기 9, 늘리기) ×3 [33]

12~16단: 짧은뜨기 33 [33]

잠시 뜨개질을 멈추고, 마무리하지 않는다.

나사형 인형눈을 돌고래 머리 양쪽 9~10단 사이에(사진 1), 위에서는 15
코 간격과 아래에서는 12코 간격을 두고 꽂는다. 눈의 뒷면에 와셔를 단단
하게 눌러 끼운다.

뺨

뺨을 수놓기 위해 연분홍색 실을 돗바늘에 꿴다. 돗바늘을 뒷머리에 있는
구멍에 넣어 눈 바로 밑에서 빼낸다. 양쪽 눈꼬리에 작게 두 땀씩 수를 놓는
다. 돗바늘을 다시 몸통 안쪽을 통과해 구멍으로 빼내어 처음 실 끝과 묶어
매듭을 짓는다.

계속해서 몸통을 뜬다.

17단: (짧은뜨기 9, 줄이기) ×3 [30]

18단: 짧은뜨기 30 [30]

19단: (짧은뜨기 8, 줄이기) ×3 [27]

20단: 짧은뜨기 27 [27]

몸통에 솜을 채운다. 계속 뜨면서 더 채워 나간다.

21단: (짧은뜨기 7, 줄이기) ×3 [24]

22단: 짧은뜨기 24 [24]

23단: (짧은뜨기 6, 줄이기) ×3 [21]

24단: 짧은뜨기 21 [21]

25단: (짧은뜨기 5, 줄이기) ×3 [18]

26단: 짧은뜨기 18 [18]

27단: (짧은뜨기 4, 줄이기) ×3 [15]

28단: 짧은뜨기 15 [15]

29단: (짧은뜨기 3, 줄이기) ×3 [12]

30단: 짧은뜨기 12 [12]

31단: (짧은뜨기 2, 줄이기) ×3 [9]

32~33단: 짧은뜨기 9 [9]

34단: (짧은뜨기 1, 줄이기) ×3 [6]

실을 길게 남기고 자른 뒤 매듭지어 마무리한다.

돗바늘을 이용하여 남아 있는 코의 각 앞고리에 실을 꿴 후(사진 2) 꽉 잡아당겨
서 구멍을 막는다.

실 끝을 보이지 않게 정리한다(사진 3).

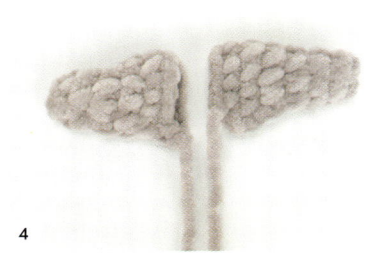  

4   5   6

옆 지느러미 (2개, 회색 실)

1단: 실고리로 원형코 만들기, 짧은뜨기 4 [4]

2단: (짧은뜨기 1, 늘리기) ×2 [6]

3단: (짧은뜨기 2, 늘리기) ×2 [8]

4단: 짧은뜨기 8 [8]

실을 길게 남기고 자른 뒤 매듭지어 마무리한다. 옆 지느러미에는 솜을 채우지 않아도 된다. 눈에서 3단 뒤, 몸통의 양옆에 지느러미를 꿰매어 붙인다.

등지느러미 (회색 실)

1단: 실고리로 원형코 만들기, 짧은뜨기 4 [4]

2단: 늘리기, 짧은뜨기 3 [5]

3단: 늘리기, 짧은뜨기 4 [6]

4단: 늘리기, 짧은뜨기 5 [7]

5단: 늘리기, 짧은뜨기 6 [8]

6단: 늘리기, 짧은뜨기 7 [9]

실을 길게 남기고 자른 뒤 매듭지어 마무리한다. 등지느러미에는 솜을 채우지 않아도 된다. 등에서 양쪽 옆 지느러미 사이의 중간 위치, 몸통의 18단(또는 눈에서 8단 뒤)에 등지느러미를 꿰매어 붙인다.

꼬리지느러미 (2개, 회색 실)

1단: 실고리로 원형코 만들기, 짧은뜨기 4 [4]

2단: 늘리기, 짧은뜨기 3 [5]

3단: 늘리기, 짧은뜨기 4 [6]

4단: 늘리기, 짧은뜨기 5 [7]

5단: 늘리기, 짧은뜨기 6 [8]

6단: 늘리기, 짧은뜨기 7 [9]

7단: 늘리기, 짧은뜨기 8 [10]

실을 길게 남기고 자른 뒤 매듭지어 마무리한다.

막지 않은 꼬리지느러미 2개의 구멍을 잘 맞추고(사진 4), 남긴 실 끝 1개로 함께 꿰맨다(사진 5). 연결된 꼬리지느러미를 몸통 34단 위에 남은 실 끝을 이용하여 꿰매어 붙인다(사진 6).

플러시 오리
데사와 더피

데사와 더피는 시골에 사는 교양 있는 오리 부부입니다. 이들은 좋은 차 마시는 것을 매우 즐겨요. 부리를 가진 이들이 차를 어떻게 마시는지 궁금하신가요? 차를 마실 때 조용하고 얌전하지는 않지만 정말 우아하답니다. 초대를 받고 방문하면, 버터 맛이 진한 쿠키와 마음을 편안하게 해 주는 차를 대접받을 수 있지요. 얼마나 맛있고 향이 좋은지, 이들이 내는 꽥꽥 소리쯤은 아무 문제가 되지 않아요.

슈퍼 벌키사(6)
청둥오리: 녹색(46m), 흰색(9m),
황갈색(14m), 갈색(14m),
노란색(9m)
노랑오리: 노란색(83m),
주황색(9m)

코바늘(H-8 또는 5mm)
나사형 인형눈(18mm)
검은색 자수실 또는
뜨개실(눈썹)
돗바늘, 솜

실고리로 원형코 만들기(17쪽),
평면뜨기(10쪽), 색깔 바꾸기(19쪽),
빼뜨기(16쪽), 한길긴뜨기(15쪽)

크기: 키 16.5cm
(제시된 실로 떴을 때)

영감 얻기: 아래 코드를 스캔하거나
www.amigurumi.com/5205에서
다른 사람들의 작품을 보며 아이디어도 얻고
여러분의 작품도 게시해 주세요.

주의: *청동오리는 패턴에 실의 색깔이 표시되어 있다. 노랑 오리의 경우, 부리와 발만 주황색으로 뜨고 그 외 나머지 부분은 노란색으로 뜬다. 따라서 노랑 오리는 색깔 바꾸기를 신경 쓰지 않아도 된다.*

머리 (녹색으로 시작)

1단: 실고리로 원형코 만들기, 짧은뜨기 8 [8]

2단: (늘리기) ×8 [16]

3단: (짧은뜨기 1, 늘리기) ×8 [24]

4단: (짧은뜨기 7, 늘리기) ×3 [27]

5단: (짧은뜨기 8, 늘리기) ×3 [30]

6단: (짧은뜨기 9, 늘리기) ×3 [33]

7단: 짧은뜨기 33 [33]

8단: (짧은뜨기 10, 늘리기) ×3 [36]

9단: 짧은뜨기 36 [36]

10단: (짧은뜨기 11, 늘리기) ×3 [39]

11단: 짧은뜨기 39 [39]

12단: (짧은뜨기 12, 늘리기) ×3 [42]

13단: (짧은뜨기 5, 줄이기) ×6 [36]

14단: (짧은뜨기 4, 줄이기) ×6 [30]

15단: (짧은뜨기 3, 줄이기) ×6 [24]

흰색 실로 바꾼다.

16단: (짧은뜨기 1, 줄이기) ×8 [16]

매듭을 지어 마무리하고 실 끝을 보이지 않게 정리한다. 나사형 인형눈을

11~12단 사이에 7코 간격을 두고 꽂는다(사진 1). 눈의 뒷면에 와셔를 단단하게 눌러 끼운다. 머리에 솜을 채운다.

부리 (노란색 실)

사슬뜨기 6. 평면뜨기를 한다.

1단: 코바늘에서 두 번째 코부터 시작, 짧은뜨기 5, 사슬뜨기 1, 방향 바꾸기 [5]

2단: 짧은뜨기 5, 사슬뜨기 1, 방향 바꾸기 [5]

3단: 짧은뜨기 5 [5](사진 2)

직사각형 조각을 시작단과 끝단이 만나도록 반으로 접는다. 사슬뜨기 1코를 뜨고 두 겹을 함께 떠서 다음과 같이 마감 단을 뜬다(사진 3).

마감 단: 짧은뜨기 5 [5]

실을 길게 남기고 자른 뒤 매듭지어 마무리한다 (사진 4).

부리를 머리의 두 눈 사이에 양 끝이 곡선을 그리며 아래쪽을 향하도록 꿰매어 붙이는데, 양 끝은 머리의 12단, 윗부분은 11단에 붙이면 된다 (사진 5).

눈썹을 수놓기 위해 검은색 자수실을 돗바늘에 꿴다. 돗바늘을 머리 아랫부분 구멍에 넣고 두 눈의 1단 위에서 잡아 뺀다. 각각의 눈 위, 14단에 비스듬하게 한 땀을 떠서 눈썹을 수놓는다. 다시 머리 안쪽을 통과해 아랫부분 구멍으로 실을 빼내어 풀어지지 않도록 처음 실 끝과 매듭을 짓는다 (사진 5).

몸통 (황갈색 실로 시작)

1단: 실고리로 원형코 만들기, 짧은뜨기 8 [8]

2단: (늘리기) ×8 [16]

3단: (짧은뜨기 1, 늘리기) ×8 [24]

4단: (짧은뜨기 7, 늘리기) ×3 [27]

5~6단: 짧은뜨기 27 [27]

갈색 실로 바꾼다.

7단: 짧은뜨기 27 [27]

8단: (짧은뜨기 7, 줄이기) ×3 [24]

9단: (짧은뜨기 6, 줄이기) ×3 [21]

10단: (짧은뜨기 5, 줄이기) ×3 [18]

흰색 실로 바꾼다.

11단: (짧은뜨기 7, 줄이기) ×2 [16]

실을 길게 남기고 자른 뒤 매듭지어 마무리한다. 몸통에 솜을 채운다 (사진 6).

몸통 윗부분 16코와 머리 아랫부분 16코를 꿰매어 붙인다.

날개 (2개, 갈색 실)

1단: 실고리로 원형코 만들기, 짧은뜨기 8 [8]

2단: (늘리기) ×8 [16]

3단: (짧은뜨기 1, 늘리기) ×8 [24] (사진 7)

원을 반으로 접고, 다음 단은 두 겹을 함께 떠서 구멍을 막는다 (사진 8).

마감 단: 짧은뜨기 12 [12]

실을 길게 남기고 자른 뒤 매듭지어 마무리한다 (사진 9).

9

10

11

12

노랑 오리를 만드는 경우, 날개를 머리 바로 아래의 몸통에 꿰매어 붙인다. 청둥오리를 만드는 경우, 날개를 몸통과 머리 연결부에서 1단 아래에 꿰매어 붙인다(갈색 날개를 몸통 갈색 부분 상단에 붙이기 위해)(사진 11).

발 (2개, 노란색 실)

1단: 실고리로 원형코 만들기, 짧은뜨기 6 [6]

2단: (짧은뜨기 2, 늘리기) ×2 [8]

3단: (짧은뜨기 3, 늘리기) ×2 [10]

4단: 짧은뜨기 10 [10]

발을 편평하게 펴고, 다음 단은 두 겹을 함께 떠서 구멍을 막고 발가락을 만든다.

5단: 사슬뜨기 1, 첫 번째 코에 짧은뜨기 1 + 한길긴뜨기 1 + 짧은뜨기 1, 다음 코에 빼뜨기 1, 다음 코에 짧은뜨기 1 + 한길긴뜨기 1 + 짧은뜨기 1, 다음 코에 빼뜨기 1, 다음 코에 짧은뜨기 1 + 한길긴뜨기 1 + 짧은뜨기 1 [11]

실을 길게 남기고 자른 뒤 매듭지어 마무리한다(사진 10). 발을 몸통 앞면 3~5단 사이에 1~2코 간격으로 꿰매어 붙인다(사진 11~12). 청둥오리의 경우, 노란 발의 윗면이 갈색으로 바뀐 선과 같은 높이에 있어야 한다.

꼬리 (황갈색 실)

1단: 실고리로 원형코 만들기, 짧은뜨기 4 [4]

2단: (짧은뜨기 1, 늘리기) ×2 [6]

3단: (짧은뜨기 2, 늘리기) ×2 [8]

4단: (짧은뜨기 3, 늘리기) ×2 [10]

5단: (짧은뜨기 4, 늘리기) ×2 [12]

실을 길게 남기고 자른 뒤 매듭지어 마무리한다.

꼬리에는 솜을 채우지 않아도 된다.

꼬리를 등 4~5단 사이에 시침핀으로 고정한 뒤 꿰매어 붙이는데, 오리가 혼자 앉아 있을 수 있도록 해야 한다(사진 12).

플러시 덤보문어
도라

도라는 세상에서 가장 행복한 덤보문어입니다. 혹시 도라를 덤보문어라고 부르기 망설여지나요?
하지만 걱정 마세요. 도라는 귀처럼 생긴 지느러미를 아주 자랑스러워하니까요. 도라의 꿈은
언젠가 코끼리를 만나 큰 귀(또는 귀 지느러미)를 가져서 얼마나 좋은지 함께
이야기하며 깊은 바닷속 생활과 아프리카 사바나 생활을 비교해 보는 거예요.

슈퍼 벌키사(6)
산호색(46m)

코바늘(H-8 또는 5mm)
나사형 인형눈(18mm)
검은색 자수실 또는 뜨개실
(입과 눈썹)
돗바늘, 솜

실고리로 원형코 만들기(17쪽),
평면뜨기(10쪽), 빼뜨기(16쪽)

크기: 키 10cm
(제시된 실로 떴을 때)

영감 얻기: 아래 코드를 스캔하거나
www.amigurumi.com/5206에서
다른 사람들의 작품을 보며 아이디어도 얻고
여러분의 작품도 게시해 주세요.

9단: (짧은뜨기 9, 늘리기) ×3 [33]

10단: 짧은뜨기 33 [33]

11단: (짧은뜨기 10, 늘리기) ×3 [36]

매듭을 지어 마무리하고 실 끝을 보이지 않게 정리한다.

나사형 인형눈을 9~10단 사이에 5코 간격을 두고 꽂는다. 눈의 뒷면에 와셔를 단단하게 눌러 끼운다.

입과 눈썹

검은색 자수실을 길게 잘라 돗바늘에 꿴다. 돗바늘을 머리 아랫부분 구멍에 넣고 두 눈 사이에서 잡아 뺀다. 작게 한 땀을 떠서 입을 수놓은 뒤, 돗바늘을 몸통 안쪽으로 통과시켜서 눈 위로 빼낸다. 각각의 눈 위에서 비스듬하게 한 땀을 꿰매어 눈썹을 수놓는다. 다시 몸통 안쪽을 통과해 아랫부분 구멍으로 실을 빼내어 풀어지지 않도록 처음 실 끝과 매듭을 짓는다(사진 1).

몸통 아랫부분 (산호색 실)

1단: 실고리로 원형코 만들기, 짧은뜨기 8 [8]

2단: (늘리기) ×8 [16]

3단: (짧은뜨기 1, 늘리기) ×8 [24]

머리와 몸통 (산호색 실)

1단: 실고리로 원형코 만들기, 짧은뜨기 8 [8]

2단: (늘리기) ×8 [16]

3단: (짧은뜨기 1, 늘리기) ×8 [24]

4단: 짧은뜨기 24 [24]

5단: (짧은뜨기 7, 늘리기) ×3 [27]

6단: 짧은뜨기 27 [27]

7단: (짧은뜨기 8, 늘리기) ×3 [30]

8단: 짧은뜨기 30 [30]

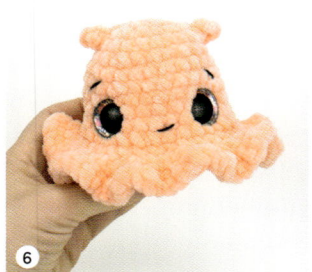

4단: (짧은뜨기 3, 늘리기) ×6 [30]

5단: (짧은뜨기 4, 늘리기) ×6 [36]

마무리하지 않는다. 이제 다음 단에서 몸통과 아랫부분을 연결한다.

원형의 아랫부분을 겉면이 보이도록 몸통에 놓는다. 코바늘을 두 겹에 함께 넣고(사진 2), 두 조각이 연결되도록 다음 단을 뜬다. 절반쯤 연결되었을 때 가볍게 솜을 채우는데, 문어가 형체를 유지하되 말랑할 정도로 채운다.

6단: 짧은뜨기 36 [36]

7단: (늘리기) ×36 [72]

8단: (짧은뜨기 1, 늘리기) ×36 [108]

매듭을 지어 마무리하고 실 끝을 보이지 않게 정리한다(사진 3).

귀 지느러미 (2개, 산호색 실)

나사형 인형눈을 기준으로 삼아 4단의 머리 양쪽, 귀 지느러미를 만들고 싶은 위치에서 2코를 선택한다. 새 산호색 실로 코바늘에 매듭지은 고리를 만든다. 선택한 2코 중 첫 번째 코에 코바늘을 넣고(사진 4) 고리를 잡아 빼내 **빼뜨기**를 한다.

사슬뜨기 2. 평면뜨기를 한다.

1단: 코바늘에서 두 번째 코에서 시작, 짧은뜨기 1, 머리에 있는 다음 코에서 **빼뜨기 1 [2]**

매듭을 지어 마무리하고 실 끝을 보이지 않게 정리한다.

같은 방법으로 두 번째 귀 지느러미도 만든다(사진 5~6).

플러시 코끼리
엘리

왕발을 가진 친구에게 식물을 돌보는 일은 어려울 수 있지만, 엘리는 집 안에서 식물들을 기르기 위해 많은 노력을 했어요. 식물들을 위해 흙과 비료도 좋은 것으로 준비했고, 물을 줄 때는 자기 코를 이용해 충분히, 살살 주지요.

슈퍼 벌키사(6)
회색(133m)

코바늘(H-8 또는 5mm)
회색 우스티드사
(약간, 꼬리 끝)
나사형 인형눈(20mm)
돗바늘, 솜

실고리로 원형코 만들기(17쪽)

크기: 키 25.5cm
(제시된 실로 떴을 때)

영감 얻기: 아래 코드를 스캔하거나
www.amigurumi.com/5207에서
다른 사람들의 작품을 보며 아이디어도 얻고
여러분의 작품도 게시해 주세요.

머리 (회색 실)

1단: 실고리로 원형코 만들기, 짧은뜨기 8 [8]

2단: (늘리기) ×8 [16]

3단: (짧은뜨기 1, 늘리기) ×8 [24]

4단: (짧은뜨기 3, 늘리기) ×6 [30]

5단: (짧은뜨기 4, 늘리기) ×6 [36]

6단: (짧은뜨기 5, 늘리기) ×6 [42]

7~11단: 짧은뜨기 42 [42]

12단: (짧은뜨기 6, 늘리기) ×6 [48]

13단: 짧은뜨기 48 [48]

14단: (짧은뜨기 6, 줄이기) ×6 [42]

15단: (짧은뜨기 5, 줄이기) ×6 [36]

16단: (짧은뜨기 4, 줄이기) ×6 [30]

17단: (짧은뜨기 3, 줄이기) ×6 [24]

18단: (짧은뜨기 2, 줄이기) ×6 [18]

매듭을 지어 마무리하고 실 끝을 보이지 않게 정리한다. 머리에 솜을 채우기 시작한다. 나사형 인형눈을 12~13단 사이에 7코 간격을 두고 꽂는다(사진 1). 아직 와셔는 끼우지 않는다.

코 (회색 실)

1단: 실고리로 원형코 만들기, 짧은뜨기 8 [8]

2단: 늘리기, 짧은뜨기 7 [9]

3~13단: 짧은뜨기 9 [9]

14단: (늘리기) ×9 [18]

실을 아주 길게 남기고 매듭지어 마무리한다.

코에 솜을 가볍게 채운다. 코를 두 눈 사이, 두 눈에서 각각 1코 떨어진 곳에 꿰매어 붙인다. 남겨 둔 실 끝을 사용하여 다음과 같이 구부러진 코 모양을 만든다. 돗바늘을 코의 윗면 8~9단 사이의 1코에서 빼내고 4~5단 사이의 1코에 꽂는다(사진 2). 실을 세게 당긴다(하지만 셔닐사는 쉽게 끊어지므로 주의해서 천천히 당겨야 한다).

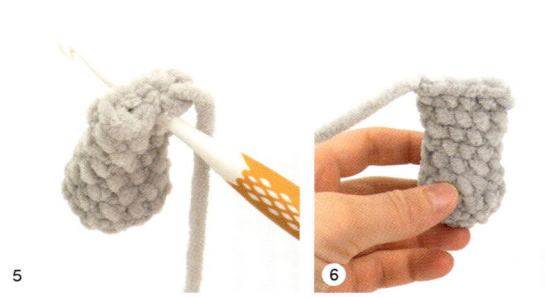

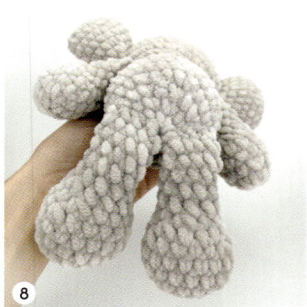

5   6   7   8

필요하면 반복한다.

돗바늘을 다시 코에 꽂고 방금 뜬 땀들과 교차가 되도록 6단 위에 작게 한 땀
을 뜨고 아래로 당겨서 편물에 파묻히게 만든다. 매듭을 지어 마무리하고 실
끝을 보이지 않게 정리한다(사진 3).

나사형 인형눈이 코의 양쪽에 같은 간격으로 있는지 확인한 뒤, 눈의 뒷면에
와셔를 단단하게 눌러 끼운다. 머리에 솜을 마저 채운다.

귀 (2개, 회색 실)

1단: 실고리로 원형코 만들기, 짧은뜨기 8 [8]

2단: (늘리기) ×8 [16]

3단: (짧은뜨기 1, 늘리기) ×8 [24]

4단: (짧은뜨기 3, 늘리기) ×6 [30]

5~7단: 짧은뜨기 30 [30]

8단: (짧은뜨기 3, 줄이기) ×6 [24]

9단: (짧은뜨기 2, 줄이기) ×6 [18]

실을 길게 남기고 자른 뒤 매듭지어 마무리한다. 귀에는 솜을 채우지 않아도 된
다. 귀를 편평하게 펴서 구멍이 있는 쪽을 머리에, 눈에서 4코 정도 뒤에 꿰매
어 붙인다(사진 4). 귀 위쪽이 머리 7단에서 시작하게 한다. 양쪽 귀의 위치가
대칭을 이루는지 다시 한번 확인한다.

몸통 (회색 실)

1단: 실고리로 원형코 만들기, 짧은뜨기 8 [8]

2단: (늘리기) ×8 [16]

3단: (짧은뜨기 1, 늘리기) ×8 [24]

4단: (짧은뜨기 3, 늘리기) ×6 [30]

5~8단: 짧은뜨기 30 [30]

9단: (짧은뜨기 3, 줄이기) ×6 [24]

10단: (짧은뜨기 2, 줄이기) ×6 [18]

11~13단: 짧은뜨기 18 [18]

실을 길게 남기고 자른 뒤 매듭지어 마무리한다. 몸통에 솜을 채운다. 몸통 윗
부분의 18코를 머리 아랫부분 18코와 꿰매어 연결한다.

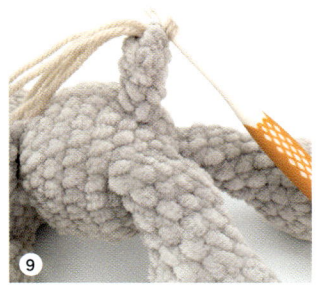

팔 (2개, 회색 실)

1단: 실고리로 원형코 만들기, 짧은뜨기 8 [8]

2단: (짧은뜨기 1, 늘리기) ×4 [12]

3~4단: 짧은뜨기 12 [12]

5단: (짧은뜨기 2, 줄이기) ×3 [9]

6~10단: 짧은뜨기 9 [9]

팔에 솜을 채운다. 다음 단은 두 겹을 함께 떠서 구멍을 막는다(사진 5). 시작할 때 첫 코는 뜨지 않고 둔 채, 마지막 단의 양쪽 코들을 맞춘다.

마감 단: 짧은뜨기 4 [4]

실을 길게 남기고 자른 뒤 매듭지어 마무리한다(사진 6).

두 팔을 몸통에, 머리 연결 부분에서 1단 아래에 약간 비스듬하게 놓는다. 두 팔을 몸통에 꿰매어 붙인다(사진 7).

다리 (2개, 회색 실)

1단: 실고리로 원형코 만들기, 짧은뜨기 8 [8]

2단: (늘리기) ×8 [16]

3단: (짧은뜨기 7, 늘리기) ×2 [18]

4~5단: 짧은뜨기 18 [18]

6단: (짧은뜨기 4, 줄이기) ×3 [15]

7단: (짧은뜨기 3, 줄이기) ×3 [12]

8단: (짧은뜨기 4, 줄이기) ×2 [10]

9~13단: 짧은뜨기 10 [10]

다리에 솜을 채운다. 발에는 솜은 단단하게 채우고 다리에는 부분만 채운다. 다음 단은 두 겹을 함께 떠서 구멍을 막는다.

마감 단: 짧은뜨기 5 [5]

실을 길게 남기고 자른 뒤 매듭지어 마무리한다.

두 다리를 몸통 아랫부분에, 몸통의 원형코를 가리도록 꿰매어 붙인다. 두 다리가 몸통의 원형코의 중심에서 접해야 한다(사진 8). 그러면 두 다리가 양옆으로 불쑥 튀어나오는 것이 아니라 서로 나란히 있게 된다.

꼬리 (회색 실)

1단: 실고리로 원형코 만들기, 짧은뜨기 5 [5]

2~5단: 짧은뜨기 5 [5]

실을 길게 남기고 자른 뒤 매듭지어 마무리한다. 꼬리에는 솜을 채우지 않아도 된다. 꼬리를 등에, 몸통 3~4단 사이에 꿰매어 붙인다.

우스티드사(4) 세 가닥을 짧게 자른다. 꼬리 끝의 1코에 코바늘을 넣고 한 가닥을 걸어 잡아 빼서 고리를 만든 뒤(사진 9), 이 고리 사이로 양쪽 실 끝을 잡아 빼고 매듭을 묶는다. 나머지 두 가닥도 똑같이 한다. 꼬리의 실을 약 2cm 길이로 다듬고, 가닥가닥 풀어서 꼬리 끝을 부스스하게 만든다(사진 10).

플러시 기린
젬마

젬마의 특기는 목록 작성하기입니다. 매일 할 일, 목표, 메뉴 구상, 쇼핑 품목을 적고 심지어
만들어야 하는 물건들의 목록도 작성하죠! 누군가는 젬마가 지나치다고 생각할지도 모르지만,
젬마는 그 덕분에 조직적인 성향을 가진, 모두가 인정하는 가장 생산적인 기린이랍니다.

슈퍼 벌키사(6)
노란색(106m), 흰색(14m),
연갈색(55m), 연분홍색(약간, 뺨)

코바늘(H-8 또는 5mm)
나사형 인형눈(18mm)
검은색 자수실 또는
미디엄사 (속눈썹)
돗바늘, 솜

실고리로 원형코 만들기(17쪽),
색깔 바꾸기(19쪽)

크기: 키 28cm
(제시된 실로 떴을 때)

영감 얻기: 아래 코드를 스캔하거나
www.amigurumi.com/5208에서 다른 사람
들의 작품을 보며 아이디어도 얻고
여러분의 작품도 게시해 주세요.

머리 (노란색 실)

1단: 실고리로 원형코 만들기, 짧은뜨기 8 [8]

2단: (늘리기) ×8 [16]

3단: (짧은뜨기 1, 늘리기) ×8 [24]

4단: (짧은뜨기 3, 늘리기) ×6 [30]

5단: (짧은뜨기 4, 늘리기) ×6 [36]

6단: (짧은뜨기 5, 늘리기) ×6 [42]

7~11단: 짧은뜨기 42 [42]

12단: (짧은뜨기 6, 늘리기) ×6 [48]

13단: 짧은뜨기 48 [48]

14단: (짧은뜨기 6, 줄이기) ×6 [42]

15단: (짧은뜨기 5, 줄이기) ×6 [36]

16단: (짧은뜨기 4, 줄이기) ×6 [30]

17단: (짧은뜨기 3, 줄이기) ×6 [24]

18단: (짧은뜨기 2, 줄이기) ×6 [18]

매듭을 지어 마무리하고 실 끝을 보이지 않게 정리한다. 머리에 솜을 채우기 시작한다. 나사형 인형눈을 12~13 사이에 7코 간격을 두고 꽂는다 (사진 1). 아직은 와셔를 끼우지 않는다.

주둥이 (흰색 실)

1단: 실고리로 원형코 만들기, 짧은뜨기 8 [8]

2단: (늘리기) ×8 [16]

3단: 짧은뜨기 18 [18]

4~5단: 짧은뜨기 18 [18]

실을 길게 남기고 자른 뒤 매듭지어 마무리한다. 주둥이에 솜을 채우고, 두 눈 사이, 두 눈에서 2단 위에 꿰매어 붙인다. 솜을 더 채운 뒤 솔기를 꿰매어 구멍을 막는다.

나사형 인형눈이 양쪽으로 균형 있게 자리했는지 확인한 뒤, 눈의 뒷면에 와셔를 단단하게 눌러 끼운다. 머리에 솜을 마저 채운다.

3   4   5   6

뺨

뺨을 수놓기 위해 연분홍색 실을 꿴 돗바늘을 머리 아랫부분 구멍에 넣고 눈 바로 밑에서 잡아 뺀다. 세 땀을 겹쳐서 작게 수를 놓아 뺨을 만든다. 같은 방법으로 다른 쪽 뺨도 수놓는다. 다시 머리 안쪽을 통과해 아랫부분 구멍으로 실을 빼내어 풀어지지 않도록 처음 실 끝과 매듭을 짓는다(사진 2).

속눈썹

속눈썹을 만들기 위해 검은색 미디엄사를 꿴 돗바늘을 머리 아랫부분 구멍에 넣고 눈 바로 위에서 잡아 뺀다. 눈 위로 비스듬하게 한 땀을 수놓고, 원하면 추가로 양쪽 끝에 작은 속눈썹 2개를 수놓는다. 다시 머리 안쪽을 통과해 아랫부분 구멍으로 실을 빼내어 풀어지지 않도록 처음 실 끝과 매듭을 짓는다.

몸통 (노란색 실)

1단: 실고리로 원형코 만들기, 짧은뜨기 8 [8]
2단: (늘리기) ×8 [16]
3단: (짧은뜨기 1, 늘리기) ×8 [24]
4단: (짧은뜨기 3, 늘리기) ×6 [30]
5~8단: 짧은뜨기 30 [30]
9단: (짧은뜨기 3, 줄이기) ×6 [24]
10단: (짧은뜨기 2, 줄이기) ×6 [18]
11~15단: 짧은뜨기 18 [18]

실을 길게 남기고 자른 뒤 매듭지어 마무리한다. 몸통에 솜을 채운다. 몸통 윗부분의 18코와 머리 아랫부분의 18코를 꿰매어 연결한다.

뿔 (2개, 연갈색 실로 시작)

1단: 실고리로 원형코 만들기, 짧은뜨기 6 [6]
2단: (짧은뜨기 1, 늘리기) ×3 [9]
3단: 짧은뜨기 9 [9]
4단: (짧은뜨기 1, 줄이기) ×3 [6]

노란색 실로 바꾼다.

5~7단: 짧은뜨기 6 [6]

실을 길게 남기고 자른 뒤 매듭지어 마무리한다. 뿔의 끝, 갈색 부분에만 솜을 가볍게 채운다. 뿔을 머리의 정수리 부분인 원형코에서 1~2단 아래에 꿰매어 붙인다.

귀 (2개, 노란색 실)

1단: 실고리로 원형코 만들기, 짧은뜨기 4 [4]

2단: (짧은뜨기 1, 늘리기) ×2 [6]

3단: (짧은뜨기 1, 늘리기) ×3 [9]

4단: (짧은뜨기 2, 늘리기) ×3 [12]

5단: (짧은뜨기 1, 늘리기) ×6 [18]

6~9단: 짧은뜨기 18 [18]

10단: (짧은뜨기 1, 줄이기) ×6 [12]

11단: (줄이기) ×6 [6]

실을 길게 남기고 자른 뒤 매듭지어 마무리한다. 귀에는 솜을 채우지 않아도 된다. 귀를 머리의 뿔에서 2~3단 아래에 꿰매어 붙인다(사진 3~4).

팔 (2개, 연갈색 실로 시작)

1단: 실고리로 원형코 만들기, 짧은뜨기 8 [8]

2단: (짧은뜨기 1, 늘리기) ×4 [12]

3~4단: 짧은뜨기 12 [12]

5단: (짧은뜨기 2, 줄이기) ×3 [9]

노란색 실로 바꾼다.

6~10단: 짧은뜨기 9 [9]

팔에 솜을 채워 편평하게 펴고, 다음 단은 두 겹을 함께 떠서 구멍을 막는다(사진 5). 시작할 때 첫 코는 뜨지 않고 둔 채, 마지막 단의 양쪽 코들을 맞춘다.

마감 단: 짧은뜨기 4 [4]

실을 길게 남기고 자른 뒤 매듭지어 마무리한다(사진 6). 두 팔을 몸통의 12단에 자리한 윗부분(머리에서 3단 아래)에 약간 비스듬하게 놓고 시침핀으로 고정한 뒤, 꿰매어 붙인다(사진 7). 실 끝을 보이지 않게 정리한다.

다리 (2개, 연갈색 실로 시작)

1단: 실고리로 원형코 만들기, 짧은뜨기 8 [8]

2단: (늘리기) ×8 [16]

3단: (짧은뜨기 7, 늘리기) ×2 [18]

4~5단: 짧은뜨기 18 [18]

6단: (짧은뜨기 4, 줄이기) ×3 [15]

7단: (짧은뜨기 3, 줄이기) ×3 [12]

노란색 실로 바꾼다.

8단: (짧은뜨기 4, 줄이기) ×2 [10]

9~13단: 짧은뜨기 10 [10]

다리에 솜을 채운다. 다음 단은 두 겹을 함께 떠서 구멍을 막는다.

마감 단: 짧은뜨기 5 [5]

실을 길게 남기고 자른 뒤 매듭지어 마무리한다.

두 다리를 몸통 아랫부분에 꿰매어 붙인다. 두 다리가 원형코의 중심에서 접해야 한다(사진 8). 그러면 두 다리가 양옆으로 불쑥 튀어나오는 것이 아니라 서로 나란히 있게 된다.

꼬리 (연갈색 실로 시작)

1단: 실고리로 원형코 만들기, 짧은뜨기 8 [8]

2단: 늘리기, 짧은뜨기 7 [9]

3단: 짧은뜨기 9 [9]

4단: (짧은뜨기 1, 줄이기) ×3 [6]

노란색 실로 바꾼다.

5~8단: 짧은뜨기 6 [6]

실을 길게 남기고 자른 뒤 매듭지어 마무리한다. 꼬리 끝, 갈색 부분에만 솜을 가볍게 채운다. 꼬리를 몸통의 등쪽 3~4단에 놓고 시침핀으로 고정한 뒤, 기린이 균형을 잃지 않고 앉아 있을 수 있는지 확인한다. 꼬리를 몸통에 꿰매어 붙인다.

반점 (연갈색 실)

연갈색 실을 길게 한 가닥 자른 뒤, 돗바늘에 꿰고 한쪽 끝을 매듭을 짓는다. 돗바늘을 기린 몸통에 꽂은 뒤 첫 번째 반점을 수놓고 싶은 곳에서 잡아 뺀다. 두세 땀 너비의 스티치를 수놓은 뒤(사진 9), 그 위에 겹쳐서 서너 땀을 더 떠서 잘 보이게 만든다. 반점의 개수는 원하는 대로 넣는다. 샘플 기린에는 앞 6개, 뒤 4개, 총 10개의 반점이 있다(사진 10). 수놓기 전에 반점의 위치에 시침핀을 꽂으면 수월하게 배치할 수 있다.

반점 수놓기를 마치면 시작했던 곳으로 바늘을 빼내서 실 끝과 매듭을 짓는다. 실 끝을 보이지 않게 정리한다.

플러시 개구리
플로렌스

'플로'라고도 알려진 플로렌스는 모험을 좋아합니다. 다른 개구리들이 수련 이파리 위에서 낮잠을 자는 동안
플로는 물을 건드리지 않고 팔짝 뛰어 연못을 건너는 방법을 시도해 보면서 스스로를 시험합니다.
또 다이빙 기술을 연마하기 위해 연못 위로 가능한 한 높이 올라가곤 하죠. 플로가 이렇게 하는 이유는 뭘까요?
그렇게 하면 개구리로 사는 것이 더 신나기 때문입니다.

슈퍼 벌키사(6)
녹색(69m),
연분홍색(약간, 뺨)

코바늘(H-8 또는 5mm)
나사형 인형눈(18mm)
검은색 자수실 또는 미디엄사(입)
돗바늘, 솜
패브릭 접착제(선택 사항)

실고리로 원형코 만들기(17쪽),
빼뜨기(16쪽)

크기: 키 11.5cm
(제시된 실로 떴을 때)

영감 얻기: 아래 코드를 스캔하거나
www.amigurumi.com/5209에서
다른 사람들의 작품을 보며 아이디어도 얻고
여러분의 작품도 게시해 주세요.

머리와 몸통 (녹색 실)

1단: 실고리로 원형코 만들기, 짧은뜨기 8 [8]
2단: (늘리기) ×8 [16]
3단: (짧은뜨기 1, 늘리기) ×8 [24]
4단: (짧은뜨기 3, 늘리기) ×6 [30]
5~7단: 짧은뜨기 30 [30]
8단: (짧은뜨기 8, 줄이기) ×3 [27]
9단: 짧은뜨기 27 [27]
10단: (짧은뜨기 7, 줄이기) ×3 [24]
11단: 짧은뜨기 24 [24]
12단: (짧은뜨기 2, 줄이기) ×6 [18]

13단: 짧은뜨기 18 [18]
몸통에 솜을 채우고 뜨면서 계속 채운다.
14단: (짧은뜨기 1, 줄이기) ×6 [12]
15단: (줄이기) ×6 [6]
실을 길게 남기고 자른 뒤 매듭지어 마무리한다. 실 끝을 돗바늘에 꿰어 남아 있는 각 코의 앞고리를 통과시키고(사진 1), 세게 잡아당겨서 구멍을 막는다. 실 끝을 보이지 않게 정리한다(사진 2).

눈 (2개, 녹색 실)

1단: 실고리로 원형코 만들기, 짧은뜨기 6 [6]
2단: (짧은뜨기 1, 늘리기) ×3 [9]

3단: 짧은뜨기 9 [9]

실을 길게 남기고 자른 뒤 매듭지어 마무리한다.

나사형 인형눈을 눈의 2~3단 사이에 꽂는다(사진 3). 눈의 뒷면에 와셔를 단단하게 눌러 끼운다. 눈을 몸통 꼭대기(넓은 쪽) 2~5단 사이에 꿰매어 붙인다(사진 4).

입

개구리의 입을 수놓기 위해 검은색 미디엄사 한 가닥을 자른다. 자른 가닥을 반으로 갈라서 원래 두께의 절반 두께로만 수를 놓는다. 그 실을 펜 돗바늘을 5~6단 사이의 아무 곳에나 꽂는다. 눈 5~6단 사이 눈 밑에 맞추어 약 7코 너비의 일직선으로 자수 한 땀을 수놓는다(사진 5). 다시 몸통 안쪽을 통해 처음 바늘을 꽂은 곳으로 빼내어 풀어지지 않도록 처음 실 끝과 매듭을 짓는다(사진 6). 실 끝을 보이지 않게 정리한다.

주의: 실 또는 자수를 더 확실하게 고정하기 위해, 바늘땀 뒤의 뜨개실을 당기고 이쑤시개를 이용하여 바늘땀 뒤에 패브릭 접착제 한두 방울을 바른 뒤, 바늘땀을 누른다.

뺨

뺨을 수놓기 위해 연분홍색 실을 펜 돗바늘을 개구리 몸통에 꽂고 입 바로 옆에서 빼낸다. 입 양옆에 작게 두 땀씩 수놓는다(사진 5). 실을 다시 몸통 안쪽에 통과해 시작했던 곳으로 빼내어 풀어지지 않도록 시작 실 끝과 매듭을 짓는다. 실 끝을 보이지 않게 정리한다.

뒷다리 (2개, 녹색 실)

1단: 실고리로 원형코 만들기, 짧은뜨기 8 [8]

2단: (늘리기) ×8 [16]

3단: 늘리기, 짧은뜨기 15 [17]

4단: 짧은뜨기 17 [17]

5단: 줄이기, 짧은뜨기 15 [16]

6단: (짧은뜨기 2, 줄이기) ×4 [12]

7단: (짧은뜨기 4, 줄이기) ×2 [10]

8단: (짧은뜨기 3, 줄이기) ×2 [8]

실을 길게 남기고 자른 뒤 매듭지어 마무리한다. 선택 사항으로 뒷다리에 솜을 가볍게 채워도 된다(사진에서는 뒷다리에 솜을 채우지 않았다).

뒷발 (2개, 녹색 실)

1단: 실고리로 원형코 만들기, 짧은뜨기 8 [8]

2~3단: 짧은뜨기 8 [8]

발을 편평하게 펴고 다음 단은 두 겹을 함께 떠서 구멍을 막고 발가락을 만든다 (사진 7).

마감 단: (1코에 짧은뜨기 1 + 사슬뜨기 4 + 빼뜨기 1) ×3, 마지막 코에 빼뜨기 1 [발가락 3]

실을 길게 남기고 자른 뒤 매듭지어 마무리한다. 뒷다리를 뒷발 위쪽에 꿰매어 붙인다 (사진 8).

남은 실 끝을 뒷발에서 뒷다리 위로 보내서 나중에 뒷다리를 몸통에 꿰매어 연결할 때 사용한다.

앞다리 (2개, 녹색 실)

1단: 실고리로 원형코 만들기, 짧은뜨기 4 [4]

2단: 늘리기, 짧은뜨기 3 [5]

3~4단: 짧은뜨기 5 [5]

실을 길게 남기고 자른 뒤 매듭지어 마무리한다. 앞다리에는 솜을 채우지 않아도 된다.

앞발 (2개, 녹색 실)

1단: 실고리로 원형코 만들기, 짧은뜨기 6 [6]

2~3단: 짧은뜨기 6 [6]

발을 편평하게 펴고 다음 단은 두 겹을 함께 떠서 구멍을 막고 발가락을 만든다.

마감 단: (1코에 짧은뜨기 1 + 사슬뜨기 4 + 빼뜨기 1) ×3 [발가락 3]

실을 길게 남기고 자른 뒤 매듭지어 마무리한다.

앞다리를 앞발 위쪽에 꿰매어 붙인다(사진 9). 남은 실 끝을 앞발에서 앞다리 위로 보내서 나중에 앞다리를 몸통에 꿰매어 연결할 때 사용한다.

뒷발이 바닥에 편평하게 닿고 몸통은 앞으로 기울어지도록 뒷다리들을 몸통에 대고 시침핀으로 고정한다. 몸통 아랫부분이 바닥에 닿아 지탱해야 한다(사진 10~11). 그리고 뒷다리에서 1코 떨어지고 두 앞다리의 간격이 윗부분에서 5코가 되도록 앞다리들을 몸통에 대고 시침핀으로 고정한다. 뒷다리들을 몸통에 꿰매어 연결하는데 윗부분(1~3단)과 발가락은 꿰매지 않는다. 앞다리들을 몸통에 꿰매어 연결하고, 실 끝을 모두 보이지 않게 정리한다(사진 12).

플러시 금붕어
글로리아

많은 금붕어 어항에 실제로 주소가 있다는 사실을 알면 아마 놀랄 걸요? 그게 아니면 그들이 어떻게 우편물을 받을 수 있겠어요. 글로리아가 사는 곳은 유리어항길 106번지인데, 글로리아는 여러분의 방수 우편물을 열렬히 환영한답니다.

슈퍼 벌키사(6)
주황색(46m),
연분홍색(약간, 뺨)

코바늘(H-8 또는 5mm)
검은색 자수실 또는 미디엄사(입)
나사형 인형눈(18mm)
돗바늘, 솜

실고리로 원형코 만들기(17쪽),
평면뜨기(10쪽)

크기: 길이 19cm
(제시된 실로 떴을 때)

영감 얻기: 아래 코드를 스캔하거나
www.amigurumi.com/5210에서
다른 사람들의 작품을 보며 아이디어도 얻고
여러분의 작품도 게시해 주세요.

몸통 (주황색 실)

1단: 실고리로 원형코 만들기, 짧은뜨기 8 [8]

2단: (짧은뜨기 1, 늘리기) ×4 [12]

3단: (짧은뜨기 3, 늘리기) ×3 [15]

4단: (짧은뜨기 4, 늘리기) ×3 [18]

5단: 짧은뜨기 7, 늘리기, 짧은뜨기 1, 늘리기(이 늘리기에서 스티치마커를 끼워서 물고기 등의 중심을 표시한다), 짧은뜨기 1, 늘리기, 짧은뜨기 6 [21]

6단: 짧은뜨기 21 [21]

7단: (짧은뜨기 6, 늘리기) ×3 [24]

8단: (짧은뜨기 7, 늘리기) ×3 [27]

9단: (짧은뜨기 8, 늘리기) ×3 [30]

10단: 짧은뜨기 10, 늘리기, 짧은뜨기 13, 늘리기, 짧은뜨기 5 [32]

11단: 짧은뜨기 32 [32]

12단: (짧은뜨기 14, 줄이기) ×2 [30]

13단: (짧은뜨기 3, 줄이기) ×6 [24]

뜨개질을 잠시 멈추고, 5단에서 마커를 끼워 등 중심을 표시한 금붕어를 편평하게 편다. 나사형 인형눈을 마커를 끼운 코의 양옆, 몸통 5~6단 사이에 꽂는다. 두 눈의 간격은 위에서는 9코, 아래에서는 8코여야 한다. 눈 뒷면에 와셔를 단단하게 눌러 끼운다(사진 1).

입

입을 수놓기 위해 검은색 미디엄사를 꿴 돗바늘을 몸통 뒷면에 있는 구멍에 넣고 4~5단, 눈 2코 아래에서 빼낸다. 3코에 걸쳐서 입을 수놓는다(사진 2). 다시 몸통 안쪽을 통과해 뒤쪽 구멍으로 실을 빼내어 풀어지지 않도록 처음 실 끝과 매듭을 짓는다.

뺨

뺨을 수놓기 위해 연분홍색 실을 꿴 돗바늘을 몸통 뒷면에 있는 구멍에 넣고 눈 꼬리 밑에서 빼낸다. 그 위에 작게 두 땀을 떠서 뺨을 수놓는다(사진 3). 다른 쪽 눈에도 같은 방법으로 뺨을 수놓는다. 다시 몸통 안쪽을 통과해 실을 빼내어 풀어지지 않도록 시작 실의 끝과 매듭을 짓는다.

몸통에 솜을 채우고 계속 뜨면서 채운다.

몸통 뜨기를 계속한다.

5   6   7   8

14단: 짧은뜨기 24 [24]

15단: (짧은뜨기 2, 줄이기) ×6 [18]

16단: 짧은뜨기 18 [18]

17단: (짧은뜨기 1, 줄이기) ×6 [12]

18단: 짧은뜨기 12 [12]

19단: (짧은뜨기 2, 줄이기) ×3 [9]

실을 길게 남기고 자른 뒤 매듭지어 마무리한다. 몸통에 솜을 마저 채운다. 금붕어 모양은 단단하면서도 화살촉처럼 홀쭉한 물고기처럼 보이게 한다.

실 끝을 돗바늘에 꿰어 남아 있는 각 코의 앞고리를 통과시키고(사진 4), 세게 잡아당겨서 구멍을 막는다. 실 끝을 보이지 않게 정리한다.

꼬리지느러미 (2개, 주황색 실)

사슬뜨기 12. 평면뜨기를 한다.

1단: 코바늘에서 두 번째 코부터 시작, 짧은뜨기 11, 사슬뜨기 1, 방향 바꾸기 [11]

2단: 짧은뜨기 10, 방향 바꾸기 [10] 마지막 코는 뜨지 않고 그대로 둔다.

3단: 1코 건너뛰기, 짧은뜨기 9, 사슬뜨기 1, 방향 바꾸기 [9]

4단: 짧은뜨기 8, 방향 바꾸기 [8] 마지막 코는 뜨지 않고 그대로 둔다.

5단: 1코 건너뛰기, 짧은뜨기 7, 사슬뜨기 1, 방향 바꾸기 [7]

6단: 짧은뜨기 6, 방향 바꾸기 [6] 마지막 코는 뜨지 않고 그대로 둔다.

7단: 1코 건너뛰기, 짧은뜨기 5 [5]

실을 길게 남기고 자른 뒤 매듭지어 마무리한다(사진 5).

실 끝을 꿴 돗바늘을 꼬리지느러미의 오른쪽 끝 아래에 꽂은 뒤 오른쪽 중앙

9   10   11   12

(사진 6)과 오른쪽 위(사진 7)로 차례대로 보낸다. 실 끝을 세게 당겨서 지느러미의 직선 면을 꽉 죄고(사진 8) 매듭을 묶는다. 실 끝을 그대로 두어 나중에 꿰매어 연결할 때 사용한다.

지느러미의 긴 쪽이 위와 아래를 향하게 하여 몸통 뒷면에 꼬리지느러미를 시침핀으로 꽂아 고정한 뒤, 꿰매어 붙인다(사진 9).

옆 지느러미 (2개, 주황색 실)

사슬뜨기 7. 평면뜨기를 한다.

1단: 코바늘에서 두 번째 코부터 시작, 짧은뜨기 6, 사슬뜨기 1, 방향 바꾸기 [6]

2단: 짧은뜨기 5, 방향 바꾸기 [5] 마지막 코는 뜨지 않고 그대로 둔다.

3단: 1코 건너뛰기, 짧은뜨기 4 [4]

실을 길게 남기고 자른 뒤 매듭지어 마무리한다. 실 끝을 돗바늘에 꿰어 지느러미 직선 면의 양 끝을 꿰맨다(사진 10~11). 오른쪽 지느러미의 경우 지느러미를 뒤집어서, 지느러미의 '뒷면'에서 꿰매야 한다. 그래야 두 지느러미가 거울상처럼 대칭을 이룬다. 옆 지느러미를 몸통, 눈에서 3단 뒤에, 가장 긴 면이 앞으로 향하게 놓고 시침핀으로 고정한다. 지느러미의 위와 눈의 아래가 같은 선상에 있어야 한다(사진 12).

등지느러미 (주황색 실)

사슬뜨기 4. 평면뜨기를 한다.

1단: 코바늘에서 두 번째 코부터 시작, 짧은뜨기 2, 늘리기 [4]

실을 길게 남기고 자른 뒤 매듭지어 마무리한다.

등지느러미를 몸통 9~13단에, 나사형 인형눈에서 2단 뒤에 꿰매어 붙인다 (사진 12).

플러시 해파리
줄스

해파리의 학습 능력을 절대 무시해서는 안 됩니다! 책을 읽고 공부하는 것을 좋아하는 줄스는
바다 밖 육지 생활을 동경하고 있어요. 그래서 책에서 본 모든 장소에 가서 탐험할 수 있도록 특수복을 개발하고 있답니다.
그가 작성한 목록 100곳 중에는 사하라 사막, 아일랜드의 절벽, 브라질의 정글이 포함되어 있어요.

슈퍼 벌키사(6)
하늘색(55m), 파란색(14m)

코바늘(H-8 또는 5mm)
검은색 자수실 또는 미디엄사
(입과 눈썹)
나사형 인형눈(18mm)
돗바늘, 솜

실고리로 원형코 만들기(17쪽),
평면뜨기(10쪽)

크기: 키 17.5cm
(제시된 실로 떴을 때)

영감 얻기: 아래 코드를 스캔하거나
www.amigurumi.com/5211에서
다른 사람들의 작품을 보며 아이디어도 얻고
여러분의 작품도 게시해 주세요.

둥근 밑판 (하늘색 실)

1단: 실고리로 원형코 만들기, 짧은뜨기 8 [8]

2단: (늘리기) ×8 [16]

3단: (짧은뜨기 1, 늘리기) ×8 [24]

4단: (짧은뜨기 3, 늘리기) ×6 [30]

매듭을 지어 마무리하고 실 끝을 보이지 않게 정리한다.

몸통 (하늘색 실)

1단: 실고리로 원형코 만들기, 짧은뜨기 8 [8]

2단: (늘리기) ×8 [16]

3단: (짧은뜨기 1, 늘리기) ×8 [24]

4단: (짧은뜨기 7, 늘리기) ×3 [27]

5단: (짧은뜨기 8, 늘리기) ×3 [30]

6단: (짧은뜨기 9, 늘리기) ×3 [33]

7단: 짧은뜨기 33 [33]

8단: (짧은뜨기 10, 늘리기) ×3 [36]

9단: 짧은뜨기 36 [36]

10단: (짧은뜨기 11, 늘리기) ×3 [39]

11단: 짧은뜨기 39 [39]

12단: (짧은뜨기 12, 늘리기) ×3 [42]

13단: (짧은뜨기 5, 줄이기) ×6 [36]

14단: (짧은뜨기 4, 줄이기) ×6 [30]

마무리하지 않고 잠시 뜨개질을 멈춘다. 나사형 인형눈을 10~11단 사이에

5코 간격을 두고 꽂는다(사진 1). 눈의 뒷면에 와셔를 단단하게 눌러 끼운다.

입과 눈썹

검은색 자수실을 길게 잘라 돗바늘에 꿴다. 돗바늘을 머리 아래에 있는 구멍에 넣어 두 눈 사이에서 빼낸다. 두 눈 사이에서 가로로 한 땀을 뜬 뒤, 바늘을 1단 아래에서 빼내어 수놓은 땀을 걸어 바늘을 뽑은 바로 그 자리에 꽂아 'V' 모양을 만든다(사진 2). 다음에는 머리 안쪽을 통과해 바늘을 8단, 눈 위에서

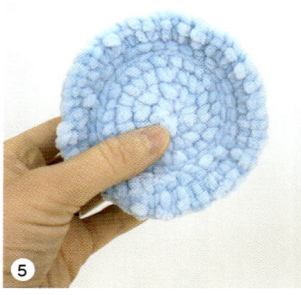

빼낸다. 각 눈 위에서 비스듬하게 한 땀을 떠서 눈썹을 만든다(사진 3). 바늘을 다시 머리 안쪽을 통과해 아랫부분 구멍으로 빼내어 풀어지지 않도록 처음 실 끝과 매듭을 짓는다.

몸통과 밑판 연결하기

몸통 위에 둥근 밑판을 '겉면'이 보이도록 놓는다. 몸통 1코와 그 아래 밑판 1코의 뒷고리에 코바늘을 넣어(사진 4), 두 겹을 함께 뜨면서 몸통과 밑판을 연결한다. 절반 정도 연결했을 때 몸통에 솜을 가볍게 채우는데, 해파리 형태를 유지하면서도 말랑말랑할 정도로 채운다.

15단: 빼뜨기 30 [30]
16단: (늘리기) ×30 [60]
주의: 이 60코를 느슨하게 뜰수록 밑판의 가장자리가 구불구불해진다.
매듭을 지어 마무리하고 실 끝을 보이지 않게 정리한다(사진 5~6).

중심 촉수 (3개, 파란색 실)

사슬뜨기 19. 평면뜨기를 한다.
1단: 코바늘에서 코부터 시작, (늘리기) ×18 [36]
실을 길게 남기고 매듭지어 마무리한다(사진 7). 중심 촉수 3개를 몸통 아래의 밑판에 꿰매어 붙이면서 밑판의 원형코를 가린다.

바깥쪽 촉수 (4개, 하늘색 실)

사슬뜨기 29. 평면뜨기를 한다.
1단: 코바늘에서 두 번째 코부터 시작, 짧은뜨기 28 [28]
실을 길게 남기고 매듭지어 마무리한다(사진 8). 촉수 4개를 밑판에 중심 촉수 주변으로 1~2코 간격을 두고 꿰매어 붙인다.

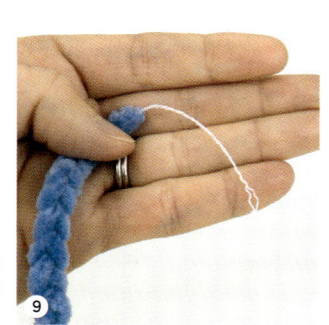

가는 촉수 (4개, 파란색 실)

사슬뜨기 20.

실을 길게 남기고 자른 뒤 매듭지어 마무리한다. 가는 촉수는 사
슬뜨기로만 만들기 때문에 양쪽 끝에 실 끝이 남아 있다. 실이 갈
라지는 플러시사로 뜰 경우, 시작 끝을 약 5cm 길이로 짧게 자르
고 실의 잔털을 모두 떼어내어 가운데 심실 두 가닥만 남긴다(사
진 9). 이 두 가닥만 촉수 끝에서 묶어서 매듭을 짓는다. 작은 매
듭만 남기고 남는 실은 자른다(사진 10). 갈라지지 않는 실로 뜰
경우, 시작 실 끝을 1cm 길이만 남기고 자른다.

끝나는 실 끝을 이용하여 가는 촉수 4개를 바깥쪽 촉수 사이사이
로 밑판에 꿰매어 붙인다(사진 11).

플러시 코알라
카이

요리에 대한 카이의 뜨거운 열정 덕분에 그는 늘 바쁘고 친구들은 행복합니다.
카이는 항상 주방에서 계속 뭔가를 휘젓고, 다지고, 맛을 보죠. 당연히 그는 유칼립투스 나뭇잎을
재료로 하는 요리를 특히 잘하는데, 그 방법이 얼마나 다양한지 놀라울 정도예요!
호주에 계신 분이라면 꼭 들러서 그의 창의적인 최신 요리를 맛보세요!

슈퍼 벌키사(6)
회색(92m),
진회색(10m), 흰색(19m)

코바늘(H-8 또는 5mm)
검은색과 흰색 미디엄사(약간, 속눈썹)
검은색 자수실(눈썹)
나사형 인형눈(18mm)
돗바늘, 솜

실고리로 원형코 만들기(17쪽)

크기: 길이 15cm
(제시된 실로 떴을 때)

영감 얻기: 아래 코드를 스캔하거나
www.amigurumi.com/5212에서
다른 사람들의 작품을 보며 아이디어도 얻고
여러분의 작품도 게시하여 보여 주세요.

머리 (회색 실)

1단: 실고리로 원형코 만들기, 짧은뜨기 8 [8]

2단: (늘리기) ×8 [16]

3단: (짧은뜨기 1, 늘리기) ×8 [24]

4단: (짧은뜨기 3, 늘리기) ×6 [30]

5단: (짧은뜨기 4, 늘리기) ×6 [36]

6~9단: 짧은뜨기 36 [36]

10단: (짧은뜨기 5, 늘리기) ×6 [42]

11단: (짧은뜨기 5, 줄이기) ×6 [36]

12단: (짧은뜨기 4, 줄이기) ×6 [30]

13단: (짧은뜨기 3, 줄이기) ×6 [24]

14단: (짧은뜨기 2, 줄이기) ×6 [18]

15단: (짧은뜨기 4, 줄이기) ×3 [15]

매듭을 지어 마무리하고 실 끝을 보이지 않게 정리한다. 머리에 솜을 채우기 시작한다. 나사형 인형눈을 10~11단 사이에 7코 간격을 두고 꽂는다. 아직 와셔를 끼우지 않는다.

코 (진회색 실)

1단: 실고리로 원형코 만들기, 짧은뜨기 8 [8]

2단: (늘리기, 짧은뜨기 3) ×2 [10]

첫 코에 빼뜨기를 한 후 실을 길게 남기고 자른 뒤 매듭지어 마무리한다. 양쪽 눈에서 각각 1코 떨어진 곳에 코를 놓고, 머리에 꿰매어 붙인다(사진 1). 코에서 양쪽 눈까지 거리가

같은지 확인하고 이제 눈의 뒷면에 와셔를 단단하게 눌러 끼운다.

속눈썹

속눈썹을 수놓기 위해 미디엄사 검은색 한 가닥과 흰색 한 가닥을 자른다. 검은색 실을 꿴 돗바늘을 머리 아랫부분에 있는 구멍으로 넣은 뒤 눈 위에서 빼낸다. 각 눈 위에 비스듬하게 한 땀을 뜬다. 다시 머리 안쪽을 통과해 아랫부분 구멍으로 실을 빼내어 풀어지지 않도록 처음 실 끝과 매듭을 짓는다.

흰색 실을 꿴 돗바늘을 머리 아랫부분에 있는 구멍으로 넣은 뒤 눈 밑에서 빼낸다. 각 눈 밑에 비스듬하게 한 땀을 뜬다. 다시 머리 안쪽을 통과해 아랫부분 구멍으로 실을 빼내어 풀어지지 않도록 시작한 실의 끝과 매듭을 짓는다(사진 2).

눈썹

눈썹을 수놓기 위해 검은색 자수실 한 가닥을 자른다(자수실 대신에 미디엄사를 사용해도 되는데, 이 경우 미디엄사를 반으로 갈라 원래 두께의 절반으로 사용한다). 이 실을 꿴 돗바늘을 머리 아랫부분 구멍으로 넣어 눈 위에서 빼낸다.

각 눈썹 위에서 기울어진 한 땀을 떠서 눈썹을 수놓는다. 다시 머리 안쪽을 통과해 아랫부분 구멍으로 실을 빼내어 풀어지지 않도록 처음 실 끝과 매듭을 짓는다.

귀 (2개, 회색 실)

1단: 실고리로 원형코 만들기, 짧은뜨기 8 [8]

2단: (늘리기) ×8 [16]

3단: (짧은뜨기 1, 늘리기) ×8 [24]

4~5단: 짧은뜨기 24 [24]

6단: (짧은뜨기 4, 줄이기) ×4 [20]

귀에는 솜을 채우지 않아도 된다.

다음 단은 두 겹을 함께 떠서 구멍을 막는다(사진 3).

마감 단: 짧은뜨기 10 [10]

실을 길게 남기고 자른 뒤 매듭지어 마무리한다.

속귀 (2개, 흰색 실)

1단: 실고리로 원형코 만들기, 짧은뜨기 8 [8]

2단: (늘리기) ×8 [16]

실을 길게 남기고 자른 뒤 매듭지어 마무리한다. 흰색 원을 귀 앞면에 맞추어 놓고 꿰매어 붙인다(사진 4). 이렇게 속귀를 붙인 두 귀를 머리의 원형코에서 1단 아래에 하나씩 놓는다(사진 5). 귀 아랫부분이 나사형 인형눈 아랫부분과 같은 높이이고, 눈에서 4코 뒤여야 한다(사진 6). 두 귀를 머리에 꿰매어 붙인다.

몸통 (회색 실)

1단: 실고리로 원형코 만들기, 짧은뜨기 8 [8]

2단: (늘리기) ×8 [16]

3단: (짧은뜨기 1, 늘리기) ×8 [24]

4단: (짧은뜨기 7, 늘리기) ×3 [27]

5~8단: 짧은뜨기 27 [27]

9단: (짧은뜨기 7, 줄이기) ×3 [24]

10단: (짧은뜨기 6, 줄이기) ×3 [21]

11단: (짧은뜨기 5, 줄이기) ×3 [18]

12단: (짧은뜨기 4, 줄이기) ×3 [15]

실을 길게 남기고 자른 뒤 매듭지어 마무리한다. 몸통에 솜을 탄탄하게 채운다. 몸통의 윗부분 15코와 머리의 아랫부분 15코를 꿰매어 연결하는데, 완성하기 직전에 머리 아랫부분에 솜을 더 채운다(사진 7).

팔 (2개, 회색 실)

1단: 실고리로 원형코 만들기, 짧은뜨기 8 [8]

2단: 늘리기, 짧은뜨기 7 [9]

3단: 짧은뜨기 9 [9]

4단: 줄이기, 짧은뜨기 5, 줄이기 [7]

5~9단: 짧은뜨기 7 [7]

팔에 솜을 채운다.

다음 단은 두 겹을 함께 떠서 구멍을 막는다. 마지막 단의 양옆 코들을 맞추고, 시작할 때 첫 코는 뜨지 않고 둔다.

마감 단: 짧은뜨기 3 [3]

실을 길게 남기고 자른 뒤 매듭지어 마무리한다. 두 팔을 머리 바로 아래, 몸통에 가로로 놓는다(사진 8). 두 팔이 같은 방향을 향하고 서로 손끝이 닿아 꿰매어 연결할 수 있어야 한다(사진 9).

주의: 스냅단추나 자석, 벨크로를 사용하면 두 팔을 벌리고 닫을 수 있다. 어린아이용 인형을 만들 때는 이런 부속물 사용에 주의해야 한다.

다리 (2개, 회색 실)

1단: 실고리로 원형코 만들기, 짧은뜨기 8 [8]

2단: (짧은뜨기 3, 늘리기) ×2 [10]

3단: 짧은뜨기 10 [10]

4단: (짧은뜨기 3, 줄이기) ×2 [8]

5~9단: 짧은뜨기 8 [8]

주의: 원한다면 다리도 서로 닿게 하여 꿰맬 수 있다. 이 경우 9단까지 뜨고 이후 짧은뜨기 8코로 2단을 더 뜬다.

다리에 솜을 채운다.

다음 단은 두 겹을 함께 떠서 구멍을 막는다.

마감 단: 짧은뜨기 4 [4]

실을 길게 남기고 자른 뒤 매듭지어 마무리한다.

두 다리를 몸통 3~7단 사이, 두 팔 1단 아래에 가로로 놓는다(사진 10). 두 다리는 같은 방향을 향해 있어야 한다. 두 다리를 몸통에 꿰매어 연결한다. 원래는 두 다리가 앞에서 닿지 않아야 하지만(사진 9), 더 길게 만들어서 두 발이 서로 닿게 만들어 꿰매도 된다.

플러시 무스
메이슨

메이슨과 이야기를 나누러 갔을 때 그가 숲속에서 어슬렁대거나 수련을 우적우적 먹는 중이었다면 좋았겠지만, 그날은 월요일이었습니다. 그가 세탁하는 날이죠. 그래서 우리는 함께 수건을 개고 침대 시트를 다림질하면서 (메이슨은 아주 고상한 무스거든요), 서로 애용하는 세탁 세제에 대해 이야기했어요.

슈퍼 벌키사(6)
갈색(83m)
진갈색(23m), 황갈색(14m)

코바늘(H-8 또는 5mm)
나사형 인형눈(18mm)
돗바늘, 솜

실고리로 원형코 만들기(17쪽),
색깔 바꾸기(19쪽)

크기: 키 19cm
(제시된 실로 떴을 때)

영감 얻기: 아래 코드를 스캔하거나
www.amigurumi.com/5213에서
다른 사람들의 작품을 보며 아이디어도 얻고
여러분의 작품도 게시해 주세요.

머리 (갈색 실)

1단: 실고리로 원형코 만들기, 짧은뜨기 8 [8]

2단: (늘리기) ×8 [16]

3단: (짧은뜨기 1, 늘리기) ×8 [24]

4단: (짧은뜨기 5, 늘리기) ×4 [28]

5~9단: 짧은뜨기 28 [28]

10단: 짧은뜨기 9, (짧은뜨기 1, 늘리기) ×5, 짧은뜨기 9 [33]

나중에 알아볼 수 있도록 세 번째 늘리기에 스티치마커를 끼워 표시한다.

11단: (짧은뜨기 10, 늘리기) ×3 [36]

12단: (짧은뜨기 11, 늘리기) ×3 [39]

13단: (짧은뜨기 12, 늘리기) ×3 [42]

14~17단: 짧은뜨기 42 [42]

18단: (짧은뜨기 5, 줄이기) ×6 [36]

19단: (짧은뜨기 4, 줄이기) ×6 [30]

20단: (짧은뜨기 3, 줄이기) ×6 [24]

10단에서 스티치마커를 끼워 표시한 늘리기는 위쪽을 향해 있다. 나사형 인형눈을 10~11단 사이에(사진 1), 머리 상부를 가로질러 10코 간격을 두고 꽂는다. 머리에 솜을 채우고 계속 뜨면서 채운다.

21단: (짧은뜨기 2, 줄이기) ×6 [18]

22단: (짧은뜨기 1, 줄이기) ×6 [12]

23단: (줄이기) ×6 [6]

실을 길게 남기고 자른 뒤 매듭지어 마무리한다. 실 끝을 돗바늘에 꿰어 남아 있는 각 코의 앞고리를 통과시키고(사진 2), 세게 잡아당겨서 구멍을 막는다. 실 끝을 보이지 않게 정리한다.

귀 (2개, 갈색 실)

1단: 실고리로 원형코 만들기, 짧은뜨기 4 [4]

2단: (짧은뜨기 1, 늘리기) ×2 [6]

3단: (짧은뜨기 1, 늘리기) ×3 [9]

4단: (짧은뜨기 2, 늘리기) ×3 [12]

5단: (짧은뜨기 5, 늘리기) ×2 [14]

6~7단: 짧은뜨기 14 [14]

8단: (짧은뜨기 5, 줄이기) ×2 [12]

9단: (줄이기) ×6 [6]

실을 길게 남기고 자른 뒤 매듭지어 마무리한다. 귀에는 솜을 채우지 않아도 된다.

뿔 (2개, 황갈색 실)

1단: 실고리로 원형코 만들기, 짧은뜨기 8 [8]

2단: (짧은뜨기 3, 늘리기) ×2 [10]

3단: 늘리기, 짧은뜨기 9 [11]

4단: 짧은뜨기 11 [11]

5단: 줄이기, 짧은뜨기 9 [10]

6단: (짧은뜨기 3, 줄이기) ×2 [8]

7~11단: 짧은뜨기 8 [8]

실을 길게 남기고 자른 뒤 매듭지어 마무리한다. 뿔에 솜을 채운다.

뿔 가지 1 (2개, 황갈색 실)

1단: 실고리로 원형코 만들기, 짧은뜨기 6 [6]

2단: 짧은뜨기 6 [6]

실을 길게 남기고 자른 뒤 매듭지어 마무리한다. 가지에는 솜을 채우지 않는다. 이 가지를 뿔 윗면에, 뿔의 열린 가장자리(마지막단)부터 시작하여 꿰매어 붙인다.

뿔 가지 2 (2개, 황갈색 실)

1단: 실고리로 원형코 만들기, 짧은뜨기 6 [6]

2~3단: 짧은뜨기 6 [6]

실을 길게 남기고 자른 뒤 매듭지어 마무리한다. 가지에는 솜을 채우지 않는다. 이 두 번째 가지를 뿔의 윗면에, 첫 번째 가지에서 1단 떨어진 곳에 꿰매어 붙인다(사진 3).

완성된 뿔과 귀를 무스의 머리에 놓는다. 귀는 머리의 14단 위, 나사형 인형눈에서 3단 뒤에 꿰매어 붙인다(사진 4). 두 귀의 간격은 정수리를 가로질러 17코이다. 귀 뒤, 머리의 15~16단 위에 뿔을 꿰매어 붙인다(사진 5). 앞에서 봤을 때 귀가 뿔의 아랫부분을 절반 정도 가려야 한다.

몸통 (갈색 실)

1단: 실고리로 원형코 만들기, 짧은뜨기 8 [8]

2단: (늘리기) ×8 [16]

3단: (짧은뜨기 1, 늘리기) ×8 [24]

4단: (짧은뜨기 3, 늘리기) ×6 [30]

5~8단: 짧은뜨기 30 [30]

9단: (짧은뜨기 8, 줄이기) ×3 [27]

10단: (짧은뜨기 7, 줄이기) ×3 [24]

11단: (짧은뜨기 6, 줄이기) ×3 [21]

12단: (짧은뜨기 5, 줄이기) ×3 [18]

13~14단: 짧은뜨기 18 [18]

실을 길게 남기고 자른 뒤 매듭지어 마무리한다. 몸통에 솜을 채운다. 몸통을 머리 아랫부분 12~16단에 꿰매어 붙인다.

팔 (2개, 진갈색 실로 시작)

1단: 실고리로 원형코 만들기, 짧은뜨기 8 [8]

2단: (짧은뜨기 1, 늘리기) ×4 [12]

3~4단: 짧은뜨기 12 [12]

5단: (짧은뜨기 2, 줄이기) ×3 [9]

갈색 실로 바꾼다.

6~10단: 짧은뜨기 9 [9]

팔에 솜을 채우는데, 손에는 탄탄하게, 팔의 나머지 부분에는 가볍게 채운다.
다음 단은 두 겹을 함께 떠서 구멍을 막는다(사진 6).

마감 단: 짧은뜨기 4 [4] 남은 코는 뜨지 않고 그대로 둔다.

실을 길게 남기고 매듭지어 마무리한다(사진 7). 두 팔을 머리 바로 아래에 앞
으로 향하도록 놓고 몸통에 시침핀으로 고정한 뒤 꿰매어 붙인다(사진 8).

다리 (2개, 진갈색 실로 시작)

1단: 실고리로 원형코 만들기, 짧은뜨기 8 [8]

2단: (늘리기) ×8 [16]

3단: (짧은뜨기 7, 늘리기) ×2 [18]

4~5단: 짧은뜨기 18 [18]

6단: (짧은뜨기 4, 줄이기) ×3 [15]

7단: (짧은뜨기 3, 줄이기) ×3 [12]

갈색 실로 바꾼다.

8단: (짧은뜨기 4, 줄이기) ×2 [10]

9~13단: 짧은뜨기 10 [10]

다리에 솜을 채우는데, 발에는 탄탄하게, 다리의 나머지 부분에는
가볍게 채운다.다음 단은 두 겹을 함께 떠서 구멍을 막는다.

마감 단: 짧은뜨기 5 [5]

실을 길게 남기고 자른 뒤 매듭지어 마무리한다.
다리를 몸통 아랫부분에 꿰매어 붙인다. 두 다리가 원형코의 중심에서 접해야
한다. 그러면 두 다리가 양옆으로 불쑥 튀어나오는 것이 아니라 서로 나란히 있
게 된다(사진 9).

꼬리 (갈색 실)

1단: 실고리로 원형코 만들기, 짧은뜨기 6 [6]

2~4단: 짧은뜨기 6 [6]

실을 길게 남기고 자른 뒤 매듭지어 마무리한다. 꼬리에는 솜을 채우지 않아도
된다. 꼬리를 무스의 등 4~5단 사이에 놓고, 무스가 앉을 수 있는지 확인한다.
꼬리를 몸통에 꿰매어 붙인다(사진 10).

플러시 생쥐
마고

세상에는 쥐에 대한 고정관념이 있고, 마고도 그 사실을 잘 알아요. 그중에서 특히 간식을 좋아한다는
사실은 그녀도 인정할 수밖에 없어요. 마고는 치즈도 좋아하지만 진짜 '최애'는 초콜릿이랍니다.
그래서 자기처럼 작은 동물들을 위한 맞춤 디저트 가게를 열어 볼 생각까지 하는 중이에요.
그래서 이런 선언을 했어요. "우리 설치류가 도둑 취급을 받는 것을 극복할 때가 되었습니다.
과자 부스러기를 몰래 훔치는 일 따위는 더 이상 하지 맙시다. 우리도 음식을 품위 있게 즐겨 봅시다!"

슈퍼 벌키사(6)
회색(69m), 연분홍색(19m)

코바늘(H-8 또는 5mm)
검은색과 흰색 미디엄사(속눈썹)
나사형 인형눈(18mm)
돗바늘, 솜
패브릭 접착제(선택 사항)

실고리로 원형코 만들기(17쪽),
평면뜨기(10쪽)

크기: 키 10.5cm
(제시된 실로 떴을 때)

영감 얻기: 아래 코드를 스캔하거나
www.amigurumi.com/5214에서
다른 사람들의 작품을 보며 아이디어도 얻고
여러분의 작품도 게시해 주세요.

넣어 눈 위에서 빼낸다. 각 눈 위를 따라 비스듬하게 한 땀을 뜬다. 돗바늘을 다시 뒷면 구멍으로 보내고 풀어지지 않도록 매듭을 짓는다.

다음은 흰색 미디엄사를 꿴 돗바늘을 머리 뒷면의 구멍에 넣어 눈 밑에서 빼낸다. 각 눈 밑에서 한 땀을 뜬다. 돗바늘을 다시 뒷면 구멍으로 보내고 풀어지지 않도록 매듭을 짓는다(사진 2).

주의: 실 또는 자수를 더 확실하게 고정하기 위해, 바늘땀 뒤의 뜨개실을 당기고 이쑤시개를 이용하여 바늘땀 뒤에 패브릭 접착제를 한두 방울 바른다. 그리고 바늘땀을 누른다.

머리 (회색 실)

1단: 실고리로 원형코 만들기, 짧은뜨기 6 [6]

2단: (짧은뜨기 1, 늘리기) ×3 [9]

3단: (짧은뜨기 2, 늘리기) ×3 [12]

4단: 짧은뜨기 4, 늘리기, 짧은뜨기 2, 늘리기, 짧은뜨기 4 [14]

5단: 짧은뜨기 6, (늘리기) ×2, 짧은뜨기 6 [16]

6단: 짧은뜨기 4, 늘리기, (짧은뜨기 1, 늘리기) ×3, 짧은뜨기 5 [20]

7단: (짧은뜨기 4, 늘리기) ×4 [24]

8단: (짧은뜨기 3, 늘리기) ×6 [30]

9단: (짧은뜨기 4, 늘리기) ×6 [36]

10단: 짧은뜨기 16, (짧은뜨기 1, 늘리기) ×2, 짧은뜨기 16 [38]

11~14단: 짧은뜨기 38 [38]

잠시 뜨개질을 멈추고 마무리하지 않는다. 나사형 인형눈을 8~9단 사이에 9단 윗면을 가로질러 12~13코 간격을 두고 꽂는다. 눈의 뒷면에 와셔를 단단하게 눌러 끼운다.

코

연분홍색 실을 길게 잘라 돗바늘에 꿴다. 돗바늘을 머리 뒷면의 구멍에 넣어 원형코 중심에서 빼낸 뒤 2단 위에 꽂는다(사진 1). 이 뜨개질을 10~12회 또는 필요한 만큼 반복하여 두툼하게 코를 만든다. 돗바늘을 다시 뒷면 구멍으로 보내고 풀어지지 않도록 시작 실 끝과 매듭을 짓는다.

속눈썹

속눈썹을 수놓기 위해 검은색 미디엄사를 꿴 돗바늘을 머리 뒷면의 구멍에

계속해서 머리를 뜬다.

15단: (짧은뜨기 17, 줄이기) ×2 [36]

16단: (짧은뜨기 4, 줄이기) ×6 [30]

17단: (짧은뜨기 3, 줄이기) ×6 [24]

머리에 솜을 채우고, 계속 뜨면서 채운다.

18단: (짧은뜨기 2, 줄이기) ×6 [18]

19단: (짧은뜨기 1, 줄이기) ×6 [12]

20단: (줄이기) ×6 [6]

실을 길게 남기고 자른 뒤 매듭지어 마무리한다. 실 끝을 돗바늘에 꿰어 남아 있

는 각 코의 앞고리를 통과시키고(사진 3), 세게 잡아당겨서 구멍을 막는다. 실 끝을 보이지 않게 정리한다.

속귀 (2개, 연분홍색 실)

1단: 실고리로 원형코 만들기, 짧은뜨기 8 [8]
2단: (늘리기) ×8 [16]
매듭을 지어 마무리하고 실 끝을 보이지 않게 정리한다.

귀 (2개, 회색 실)

1단: 실고리로 원형코 만들기, 짧은뜨기 8 [8]
2단: (늘리기) ×8 [16]
분홍색 속귀를 회색 귀 위에 놓는다. 겉귀의 두 고리와 속귀의 뒷고리를 함께 뜨는 연결단을 뜬다(사진 4).
연결단: 짧은뜨기 16 [16]
실을 길게 남기고 자른 뒤 매듭지어 마무리한다.
귀의 시작 실 끝을 보이지 않게 정리한다.
귀의 아랫부분을 두 손가락으로 집고 한두 땀을 꿰매어 형태를 고정한다(사진 5~6).
두 귀를 머리 양쪽, 눈에서 3~4단 뒤에 놓고 꿰매어 붙인다(사진 7).

몸통 (회색 실)

1단: 실고리로 원형코 만들기, 짧은뜨기 8 [8]

2단: (늘리기) ×8 [16]
3단: (짧은뜨기 1, 늘리기) ×8 [24]
4단: (짧은뜨기 3, 늘리기) ×6 [30]
5~8단: 짧은뜨기 30 [30]
9단: (짧은뜨기 3, 줄이기) ×6 [24]
10단: (짧은뜨기 2, 줄이기) ×6 [18]
11단: (짧은뜨기 4, 줄이기) ×3 [15]
12단: 짧은뜨기 15 [15]
실을 길게 남기고 자른 뒤 매듭지어 마무리한다. 몸통에 솜을 채운다. 몸통 윗부분의 15코를 머리 11~15단 사이에 꿰매어 붙인다(사진 7).

팔 (2개, 연분홍색 실로 시작)

1단: 실고리로 원형코 만들기, 짧은뜨기 6 [6]

2단: (짧은뜨기 2, 늘리기) ×2 [8]

3단: 짧은뜨기 8 [8]

4단: 줄이기, 짧은뜨기 6 [7]

회색 실로 바꾼다.

5~6단: 짧은뜨기 7 [7]

솜을 가볍게 채운다. 다음 단은 두 겹을 함께 떠서 구멍을 막는다(사진 8).

마감 단: 짧은뜨기 3 [3] 남은 코는 뜨지 않고 그대로 둔다.

실을 길게 남기고 매듭지어 마무리한다(사진 9).

두 팔을 몸통 양옆, 머리 아래에 놓고 꿰매어 붙인다.

발 (2개, 연분홍색 실)

1단: 실고리로 원형코 만들기, 짧은뜨기 6 [6]

2단: (짧은뜨기 2, 늘리기) ×2 [8]

3단: 짧은뜨기 8 [8]

4단: 줄이기, 짧은뜨기 6 [7]

발에는 솜을 채우지 않아도 된다.

다음 단은 두 겹을 함께 떠서 구멍을 막는다.

마감 단: 짧은뜨기 3 [3] 남은 코는 뜨지 않고 그대로 둔다.

실을 길게 남기고 자른 뒤 매듭지어 마무리한다.

두 발을 몸통 아랫부분 2~5단에, 몸통 원형코의 양옆에 꿰매어 붙인다

(사진 10).

꼬리 (연분홍색 실)

사슬뜨기 17. 평면뜨기를 한다.

1단: 코바늘에서 두 번째 코부터 시작, 짧은뜨기 16 [16]

실을 길게 남기고 자른 뒤 매듭지어 마무리한다.

꼬리를 몸통 2~3단 사이에 놓고 꿰매어 붙인다(사진 10). 꼬리 덕분에 생쥐가 쓰러지지 않고 서 있을 수 있다.

플러시 부엉이
오슬로

1년 전, 할머니에게 코바늘 뜨개질을 배운 오슬로는 그 후로 아미구루미를 무려 42개나 만들었어요. 그의 친구들은 감격했고, 주문이 물밀듯이 들어왔어요. 오슬로는 곰돌이부터 토끼, 영화 캐릭터까지 모두 만들었죠. 하지만 오슬로가 가장 좋아하는 인형은 새랍니다. 오슬로는 이렇게 말합니다. "팔다리를 뜨는 것은 너무 힘들어요! 날개는 그에 비해 확실히 만드는 재미가 있죠."

슈퍼 벌키사(6)
하늘색(55m), 노란색(10m),
크림색(10m), 황갈색(10m)

코바늘(H-8 또는 5mm)
나사형 인형눈(18mm)
돗바늘, 솜

실고리로 원형코 만들기(17쪽),
긴뜨기(15쪽), 한길긴뜨기(15쪽)

크기: 키 12.5㎝
(제시된 실로 떴을 때)

영감 얻기: 아래 코드를 스캔하거나
www.amigurumi.com/5215에서
다른 사람들의 작품을 보며 아이디어도 얻고
여러분의 작품도 게시해 주세요.

눈 (2개, 크림색 실로 시작)

1단: 실고리로 원형코 만들기, 짧은뜨기 8 [8]

2단: (늘리기) ×8 [16]

황갈색 실로 바꾼다.

3단: (짧은뜨기 1, 늘리기) ×8 [24]

1코 건너뛰기, 빼뜨기 1.

실을 길게 남기고 매듭지어 마무리한다(사진 1). 나사형 인형눈을 눈의 1~2단 사이에, 중심에서 벗어나게 꽂는다(사진 2). 플러시사로 뜰 경우에는 이때 와셔를 끼우지만, 면사로 뜰 경우에는 아직 와셔를 끼우지 않는다.

몸통 (하늘색 실)

1단: 실고리로 원형코 만들기, 짧은뜨기 8 [8]

2단: (늘리기) ×8 [16]

3단: (짧은뜨기 1, 늘리기) ×8 [24]

4단: (짧은뜨기 3, 늘리기) ×6 [30]

5단: (짧은뜨기 4, 늘리기) ×6 [36]

6단: (짧은뜨기 11, 늘리기) ×3 [39]

7~8단: 짧은뜨기 39 [39]

9단: 늘리기, 짧은뜨기 38 [40]

10~13단: 짧은뜨기 40 [40]

14단: 줄이기, 짧은뜨기 38 [39]

15단: 짧은뜨기 39 [39]

16단: 줄이기, 짧은뜨기 37 [38]

17~20단: 짧은뜨기 38 [38]

마무리하지 않는다. 20단의 마지막 코를 왼쪽에 두고서 몸통을 편평하게 편다. 눈 위쪽이 몸통의 열린 윗부분 1단 아래에, 두 눈의 간격이 2코가 되도록 두 눈을 머리에 놓고 시침핀을 꽂는다.

면사로 뜰 때는 나사형 인형눈을 몸통에 꽂는다. 눈의 뒷면에, 몸통 안쪽에서 와셔를 단단하게 눌러 끼운다.

눈을 몸통에 꿰매어 붙인다(사진 3).

주의: 몸통 윗부분을 아직 막지 않았으므로 돗바늘을 몸통 안쪽으로 가져가서 쉽게 꿰맬 수 있다. 풀어지지 않도록 몸통 안쪽에서 매듭을 짓는다.

몸통에 솜을 채운다. 몸통 20단의 끝을 왼쪽에 두고 두 눈이 평행하게 하여 몸통을 편평하게 편다. 다음 단은 두 겹을 함께 떠서 구멍을 막는다(사진 4).

마감 단: 한길긴뜨기 1, 긴뜨기 1, 짧은뜨기 15, 긴뜨기 1, 한길긴뜨기 1 [19]

주의: 솔기를 완전히 막기 전에 솜을 좀 더 채운다. 몸통은 형태를 유지하면서도 말랑말랑할 정도로 채워야 한다.

매듭을 지어 마무리하고 실 끝을 보이지 않게 정리한다(사진 5).

부리 (노란색 실)

1단: 실고리로 원형코 만들기, 짧은뜨기 5 [5]

2단: 늘리기, 짧은뜨기 4 [6]

3단: 짧은뜨기 6 [6]

실을 길게 남기고 자른 뒤 매듭지어 마무리한다. 부리에는 솜을 채우지 않아도 된다. 부리를 두 눈 사이 가운데에 오도록 머리에 꿰매어 붙인다. 부리 아랫부분이 눈 아랫부분과 같은 선상에 있어야 한다.

날개 (2개, 하늘색 실)

1단: 실고리로 원형코 만들기, 짧은뜨기 8 [8]

2단: (늘리기) ×8 [16]

3단: (짧은뜨기 1, 늘리기) ×8 [24](사진 6)

원을 반으로 접는다.

다음 단은 두 겹을 함께 떠서 구멍을 막는다(사진 7).

마감 단: 짧은뜨기 12 [12](사진 8)

실을 길게 남기고 자른 뒤 매듭지어 마무리한다.

날개를 몸통 양옆에 꿰매어 붙인다. 둥근 가장자리가 앞쪽에 있어야 한다. 날개 끝이 몸통 12단 위에 오도록 날개를 비스듬히 놓아야 한다. 이제 날개의 다른 부분은 그냥 두고 날개 앞뒤의 위 2~3코만 꿰매어 붙인다(사진 9).

  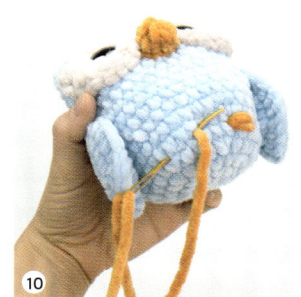 

발

노란색 실을 길게 잘라 돗바늘에 꿴다. 돗바늘을 부엉이 몸통의 아무 곳에나 꽂은 뒤, 시작 실 끝을 10cm 정도 남기고 앞면 5~6단 사이에서 빼낸다. 너비 2~3코의 땀을 수놓는다. 이 첫 땀 위에 세 땀을 더 떠서 첫 번째 발을 수놓는다(사진 10~11). 같은 방법으로 두 번째 발도 수놓는다. 돗바늘을 다시 몸통 안쪽을 통과해 시작 실 끝이 있는 곳에서 빼낸다. 두 실 끝을 묶어 매듭을 짓고 남은 실 끝은 보이지 않게 몸통 안에서 정리한다.

플러시 판다
파이퍼

파이퍼를 찾고 있나요? 그의 정원에 가면 항상 볼 수 있어요. 파이퍼는 정원을 가꾼 경험이 많지는 않지만,
식물에 대한 열정이 그 부족함을 채우고도 남는답니다. 물 주기나 잡초 뽑기를 하지 않을 때는
식물에 관한 책을 읽느라 정신이 없지요. 풍성한 수확을 기대하면서요.

슈퍼 벌키사(6)
흰색(74m), 검은색(74m),
연분홍색(1m), 녹색(5m)

코바늘(H-8 또는 5mm)
검은색 미디엄사(코와 눈썹)
나사형 인형눈(18mm)
돗바늘, 솜

실고리로 원형코 만들기(17쪽),
기초사슬코로 타원형 뜨기(19쪽),
입체짧은뜨기(21쪽)

영감 얻기: 아래 코드를 스캔하거나
www.amigurumi.com/5216에서
다른 사람들의 작품을 보며 아이디어도 얻고
여러분의 작품도 게시해 주세요.

크기: 키 25.5cm
(제시된 실로 떴을 때)

2단: 짧은뜨기 5, 빼뜨기 1 [6] 남은 코는 뜨지 않고 그대로 둔다.

실을 길게 남기고 자른 뒤 매듭지어 마무리한다.

나사형 인형눈을 검은색 눈 반점의 1~2단 사이에, 중심에서 벗어나게 꽂는
다. 한쪽 눈은 왼쪽을, 다른 쪽 눈은 오른쪽을 향하게 한다(사진 1). 플러시사
로 뜰 경우에는 이때 와셔를 끼우지만, 면사로 뜰 경우에는 아직 와셔를 끼우
지 않는다.

눈 반점을 머리 10단에 접하도록 머리에 놓는다. 면사로 뜰 경우, 나사형 인형
눈을 머리 편물에 끼운다. 눈의 뒷면에 와셔를 단단하게 눌러 끼운다. 검은색 눈
반점을 머리에 꿰매어 붙인다(사진 2). 머리에 솜을 탄탄하게 채운다.

머리 (흰색 실)

1단: 실고리로 원형코 만들기, 짧은뜨기 8 [8]

2단: (늘리기) ×8 [16]

3단: (짧은뜨기 1, 늘리기) ×8 [24]

4단: (짧은뜨기 3, 늘리기) ×6 [30]

5단: (짧은뜨기 4, 늘리기) ×6 [36]

6단: (짧은뜨기 5, 늘리기) ×6 [42]

7~11단: 짧은뜨기 42 [42]

12단: (짧은뜨기 6, 늘리기) ×6 [48]

13단: 짧은뜨기 48 [48]

14단: (짧은뜨기 6, 줄이기) ×6 [42]

15단: (짧은뜨기 5, 줄이기) ×6 [36]

16단: (짧은뜨기 4, 줄이기) ×6 [30]

17단: (짧은뜨기 3, 줄이기) ×6 [24]

18단: (짧은뜨기 2, 줄이기) ×6 [18]

매듭을 지어 마무리하고 실 끝을 보이지 않게 정리한다. 머리에 솜을 채우
기 시작한다.

눈 반점 (2개, 검은색 실)

사슬뜨기 5. 기초사슬코의 양쪽에서 뜬다.

1단: 두 번째 코부터 시작, 짧은뜨기 3, 마지막 코에 짧은뜨기 4, 이어서 기
초사슬코의 맞은편에 짧은뜨기 2, 늘리기 [11]

주둥이 (흰색 실)

1단: 실고리로 원형코 만들기, 짧은뜨기 8 [8]

2단: (늘리기) ×8 [16]

3단: (짧은뜨기 7, 늘리기) ×2 [18]

4단: 짧은뜨기 18 [18]

실을 길게 남기고 자른 뒤 매듭지어 마무리한다. 주둥이를 눈 반점 사이에 꿰매
어 붙이는데, 주둥이 윗부분과 반점 윗부분이 같은 높이인 10단에 있어야 한다.
완전히 꿰매기 전에 주둥이에 솜을 채운다.

코와 눈썹

코를 수놓기 위해 검은색 미디엄사를 길게 잘라 돗바늘에 꿴다. 돗바늘을 머리
아랫부분 구멍에 넣어 주둥이 2~3단 사이로 빼낸다. 가로로 다섯에서 열 땀을
수놓고 그 아래에 세로로 한 땀을 수놓는다(사진 3). 돗바늘을 머리 안쪽으로 넣
어 눈 위에서 빼낸다. 각 눈 반점 위에 비스듬하게 한 땀을 꿰매어 눈썹을 수놓는
다(사진 4). 다시 머리 안쪽을 통과해 아랫부분 구멍으로 실을 빼내어 풀어지지
않도록 매듭을 짓는다.

뺨

연분홍색 실을 꿴 돗바늘을 머리 아랫부분 구멍에 넣어 각 검은색 눈 반점의 아
래 구석에서 빼낸다. 작게 세 땀을 서로 위에 꿰매어 뺨을 수놓는다(사진 4). 위
과정을 반복하여 두 번째 뺨을 수놓는다. 다시 머리 안쪽을 통과해 아랫부분 구
멍으로 실을 빼내어 풀어지지 않도록 매듭을 짓는다.

귀 (2개, 검은색 실)

1단: 실고리로 원형코 만들기, 짧은뜨기 8 [8]

2단: (늘리기) ×8 [16]

3~5단: 짧은뜨기 16 [16]

6단: (짧은뜨기 6, 줄이기) ×2 [14]

실을 길게 남기고 자른 뒤 매듭지어 마무리한다.
귀에는 솜을 채우지 않아도 된다.
귀를 편평하게 펴서 머리 4~9단 사이, 양쪽에 꿰매어 붙인다(사진 5).

몸통 (흰색 실로 시작)

1단: 실고리로 원형코 만들기, 짧은뜨기 8 [8]

2단: (늘리기) ×8 [16]

3단: (짧은뜨기 1, 늘리기) ×8 [24]

4단: (짧은뜨기 3, 늘리기) ×6 [30]

5~8단: 짧은뜨기 30 [30]

9단: (짧은뜨기 3, 줄이기) ×6 [24]

검은색 실로 바꾼다.

10단: (짧은뜨기 2, 줄이기) ×6 [18]

11~12단: 짧은뜨기 18 [18]

실을 길게 남기고 자른 뒤 매듭지어 마무리한다. 몸통에 솜을 채운다. 몸통 윗부분 18코와 머리 아랫부분 18코를 꿰매어 연결한다.

주의: 검은색 조각과 흰색 조각을 연결하는 것이기 때문에, 평소처럼 몸통에서 꿰맨다면 흰색 조각에서 검은색 바늘땀이 보이게 된다. 따라서 이런 경우

에는 돗바늘을 머리 코의 기둥 뒤(사진 6)와 몸통 코의 기둥 뒤(사진 7)에 넣어서 꿰매어 연결한다(사진 8).

팔 (2개, 검은색 실)

1단: 실고리로 원형코 만들기, 짧은뜨기 8 [8]

2단: (짧은뜨기 1, 늘리기) ×4 [12]

3~4단: 짧은뜨기 12 [12]

5단: (짧은뜨기 2, 줄이기) ×3 [9]

6~9단: 짧은뜨기 9 [9]

팔에 솜을 채운다.

다음 단은 두 겹을 함께 떠서 구멍을 막는다(사진 9). 마지막 단의 양쪽에 코들을 맞추고 시작할 때 첫 코는 뜨지 않고 그대로 둔다.

마감 단: 짧은뜨기 4 [4]

실을 길게 남기고 매듭지어 마무리한다(사진 10).

두 팔을 몸통에, 머리 아래에 비스듬하게 놓고 꿰매어 붙인다(사진 11).

다리 (2개, 검은색 실)

1단: 실고리로 원형코 만들기, 짧은뜨기 8 [8]

2단: (늘리기) ×8 [16]

3단: (짧은뜨기 7, 늘리기) ×2 [18]

4~5단: 짧은뜨기 18 [18]

6단: (짧은뜨기 4, 줄이기) ×3 [15]

7단: (짧은뜨기 3, 줄이기) ×3 [12]

8단: (짧은뜨기 4, 줄이기) ×2 [10]

9~13단: 짧은뜨기 10 [10]

다리에 솜을 채우는데, 발에는 탄탄하게, 다리에는 가볍게 채운다.

다음 단은 두 겹을 함께 떠서 구멍을 막는다.

마감 단: 짧은뜨기 5 [5]

실을 길게 남기고 자른 뒤 매듭지어 마무리한다.

두 다리를 몸통 아랫부분에 꿰매어 연결한다. 두 다리가 원형코의 중심에서

접해야 한다(사진 12). 그러면 두 다리가 양옆으로 불쑥 튀어나오는 것이 아니라 서로 나란히 있게 된다.

꼬리 (검은색 실)

1단: 실고리로 원형코 만들기, 짧은뜨기 8 [8]

2단: 늘리기, 짧은뜨기 7 [9]

3단: 짧은뜨기 9 [9]

4단: 줄이기, 짧은뜨기 7 [8]

실을 길게 남기고 자른 뒤 매듭지어 마무리한다. 꼬리에는 솜을 채우지 않아도 된다. 꼬리를 몸통 4~5단에 꿰매어 붙인다(사진 12).

대나무 (녹색 실)

1단: 실고리로 원형코 만들기, 짧은뜨기 7 [7]
2~11단: 짧은뜨기 7 [7]

실을 길게 남기고 자른 뒤 매듭지어 마무리한다. 대나무에는 솜을 채우지 않아도 된다. 실 끝을 돗바늘에 꿰어 남아 있는 각 코의 앞고리를 통과시키고, 세게 잡아당겨서 구멍을 막는다. 실 끝을 보이지 않게 정리한다.

대나무 마디를 만들기 위해, 다음과 같이 입체짧은뜨기로 대나무 줄기를 감싸는 띠 3개를 뜬다(사진 13). 새 녹색 실로 코바늘에 매듭지은 고리를 만든다. 코바늘을 대나무 줄기 밑에서 2단 위에 넣는다.

첫 번째 마디: 모든 7코에 입체짧은뜨기, 첫 번째 코에 빼뜨기 1. 매듭을 지어 마무리하고 실 끝을 보이지 않게 정리한다.

새 녹색 실로 코바늘에 매듭지은 고리를 만든다. 코바늘을 첫 번째 마디에서 2단 위에 넣는다.

두 번째 마디: 단의 모든 7코에 입체짧은뜨기, 사슬뜨기 4, 첫 번째 사슬코 건너뛰기, 다음 3개의 사슬코에 짧은뜨기, 단의 첫 번째 코에 빼뜨기 1, 사슬뜨기 3, 첫 번째 사슬코 건너뛰기, 다음 2개의 사슬코에 짧은뜨기, 마디의 다음 코에 빼뜨기 1.
매듭을 지어 마무리하고 실 끝을 보이지 않게 정리한다.

새 녹색 실로 코바늘에 매듭지은 고리를 만든다. 코바늘을 두 번째 마디에서 2단 위에 넣는다.

세 번째 마디: 단의 모든 7코에 입체짧은뜨기, 사슬뜨기 3, 첫 번째 사슬코 건너뛰기, 다음 2개의 사슬코에 짧은뜨기, 단의 첫 번째 코에 빼뜨기 1.
매듭을 지어 마무리하고 실 끝을 보이지 않게 정리한다.

플러시 강아지
필로

필로가 제일 좋아하는 것은 축하할 일을 찾아 선물을 주고 깜짝 파티를 여는 거예요.
친구인 패리스의 생일 파티를 위해 필로는 며칠에 걸쳐 동네 공원에 복잡한 방식으로 보물들을 숨겨 놓았어요.
보물찾기가 끝나고 받은 최종 상품은 황금보다 훨씬 좋은 것이었답니다. 바로 강아지 간식이요!

슈퍼 벌키사(6)
갈색(87m),
하늘색(14m),
연분홍색(약간, 뺨)

코바늘(H-8 또는 5mm)
검은색 미디엄사(코)
나사형 인형눈(18mm)
돗바늘, 솜
패브릭 접착제(선택 사항)

실고리로 원형코 만들기(17쪽),
평면뜨기(10쪽)

크기: 키 16.5cm
(제시된 실로 떴을 때)

영감 얻기: 아래 코드를 스캔하거나
www.amigurumi.com/5217에서
다른 사람들의 작품을 보며 아이디어도 얻고
여러분의 작품도 게시해 주세요.

머리 (갈색 실)

1단: 실고리로 원형코 만들기, 짧은뜨기 8 [8]

2단: (늘리기) ×8 [16]

3단: (짧은뜨기 1, 늘리기) ×8 [24]

4단: (짧은뜨기 3, 늘리기) ×6 [30]

5단: (짧은뜨기 4, 늘리기) ×6 [36]

6~9단: 짧은뜨기 36 [36]

10단: (짧은뜨기 5, 늘리기) ×6 [42]

11단: (짧은뜨기 5, 줄이기) ×6 [36]

12단: (짧은뜨기 4, 줄이기) ×6 [30]

13단: (짧은뜨기 3, 줄이기) ×6 [24]

14단: (짧은뜨기 2, 줄이기) ×6 [18]

실을 길게 남기고 자른 뒤 매듭지어 마무리한다.

머리에 솜을 채우기 시작한다.

나사형 인형눈을 10~11단 사이에 6코 간격을 두고 꽂는다(사진 1). 아직 와셔를 끼우지 않는다.

주둥이 (갈색 실)

1단: 실고리로 원형코 만들기, 짧은뜨기 8 [8]

2단: (짧은뜨기 1, 늘리기) ×4 [12]

3단: (짧은뜨기 5, 늘리기) ×2 [14]

4단: 짧은뜨기 14 [14]

실을 길게 남기고 자른 뒤 매듭지어 마무리한다. 주둥이의 윗부분이 두 눈

의 1단 위에 오도록 두 눈 사이에 꿰매어 붙인다(사진 2). 주둥이를 완전히 꿰매어 붙이기 전에 솜을 채운다. 나사형 인형눈의 위치를 다시 확인한 뒤 와셔를 단단하게 눌러 끼운다. 머리에 솜을 마저 채운다.

코

검은색 미디엄사를 꿴 돗바늘을 머리 아랫부분의 구멍을 통해 안으로 넣은 뒤 주둥이 2~3단 사이에서 빼낸다. 가로로 대여섯 땀을 떠서 코를 수놓는다. 코 아래에 세로로 한 땀을 수놓는다(사진 2). 다시 머리 안쪽을 통해 아랫부분 구멍으로 실을 빼내어 풀어지지 않도록 매듭을 짓는다.

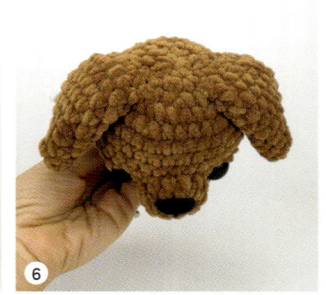

눈 장식

머리에서 남긴 실 끝을 돗바늘에 꿰어 머리 안쪽을 통과해 눈꼬리 위에서 비스듬하게 한 땀을 수놓는다(사진 3). 다시 머리 안쪽을 통해 아랫부분 구멍으로 실을 빼내어 풀어지지 않도록 매듭을 짓는다.

주의: 실 또는 자수를 더 확실하게 고정하기 위해, 바늘땀 뒤의 뜨개실을 당기고 이쑤시개를 이용하여 바늘땀 뒤에 패브릭 접착제를 한두 방울 바른다. 그리고 바늘땀을 누른다.

뺨

연분홍색 실을 꿴 돗바늘을 머리 아랫부분의 구멍으로 넣어 눈꼬리 아래에서 빼낸다. 그 자리에서 서로 겹치도록 작게 세 땀을 떠서 작은 뺨을 만든다(사진 3). 양쪽 눈에 똑같이 수놓는다. 다시 머리 안쪽을 통과해 아랫부분 구멍으로 실을 빼내어 풀어지지 않도록 매듭을 짓는다.

귀 (2개, 갈색 실)

1단: 실고리로 원형코 만들기, 짧은뜨기 4 [4]
2단: (짧은뜨기 1, 늘리기) ×2 [6]
3단: (짧은뜨기 1, 늘리기) ×3 [9]
4단: (짧은뜨기 2, 늘리기) ×3 [12]
5단: (짧은뜨기 3, 늘리기) ×3 [15]
6단: (짧은뜨기 4, 늘리기) ×3 [18]
7단: (짧은뜨기 8, 늘리기) ×2 [20]
8~10단: 짧은뜨기 20 [20]

귀에는 솜을 채우지 않아도 된다.

다음 단은 두 겹을 함께 떠서 구멍을 막는다(사진 4).

마감 단: 짧은뜨기 10 [10]

실을 길게 남기고 매듭지어 마무리한다(사진 5).

귀를 정수리(머리 2~8단)에 비스듬하게 꿰매어 붙인다(사진 6~7).

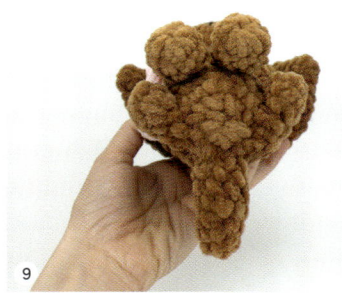

몸통 (갈색 실)

1단: 실고리로 원형코 만들기, 짧은뜨기 8 [8]

2단: (늘리기) ×8 [16]

3단: (짧은뜨기 7, 늘리기) ×2 [18]

4단: (짧은뜨기 5, 늘리기) ×3 [21]

5~8단: 짧은뜨기 21 [21]

9단: (짧은뜨기 5, 줄이기) ×3 [18]

실을 길게 남기고 자른 뒤 매듭지어 마무리한다. 몸통에 솜을 채운다. 몸통 윗부분 18코와 머리 아랫부분 18코를 꿰매어 연결한다(사진 7).

앞다리 (2개, 갈색 실)

1단: 실고리로 원형코 만들기, 짧은뜨기 8 [8]

2~3단: 짧은뜨기 8 [8]

4단: (짧은뜨기 2, 줄이기) ×2 [6]

5~8단: 짧은뜨기 6 [6]

발에는 솜을 탄탄하게 채우고, 다리에는 약간만 채운다.

다음 단은 두 겹을 함께 떠서 구멍을 막는다.

마감 단: 짧은뜨기 3 [3]

실을 길게 남기고 자른 뒤 매듭지어 마무리한다.

앞다리를 몸통 앞에, 머리에서 1단 아래에 나란히 꿰매어 붙인다(사진 8).

뒷다리 (2개, 갈색 실)

1단: 실고리로 원형코 만들기, 짧은뜨기 8 [8]

2단: 짧은뜨기 8 [8]

3단: (짧은뜨기 2, 줄이기) ×2 [6]

4~5단: 짧은뜨기 6 [6]

다리에 솜을 가볍게 채운다. 다음 단은 두 겹을 함께 떠서 구멍을 막는다.

마감 단: 짧은뜨기 3 [3]

실을 길게 남기고 자른 뒤 매듭지어 마무리한다.

뒷다리를 몸통 양옆에, 3~5단에 꿰매어 붙인다(사진 9~10).

꼬리 (갈색 실)

1단: 실고리로 원형코 만들기, 짧은뜨기 4 [4]

2단: (짧은뜨기 1, 늘리기) ×2 [6]

3단: (짧은뜨기 2, 늘리기) ×2 [8]

4~6단: 짧은뜨기 8 [8]

7단: 늘리기, 짧은뜨기 7 [9]

실을 길게 남기고 자른 뒤 매듭지어 마무리한다. 꼬리에 솜을 채운다. 꼬리를 몸통 뒷면 2~4단에 꿰매어 붙인다.

목걸이 (하늘색 실)

사슬뜨기 20.

주의: 필요하면 사슬뜨기를 더 하여 뜨고 있는 인형의 목둘레에 맞춘다.

실을 길게 남기고 자른 뒤 매듭지어 마무리한다. 목걸이를 인형의 목에 감고 양 끝을 묶는다. 실 끝을 몸통 옆면 안쪽으로 넣어 보이지 않게 정리하고, 이제 그 자리에 리본을 꿰맨다.

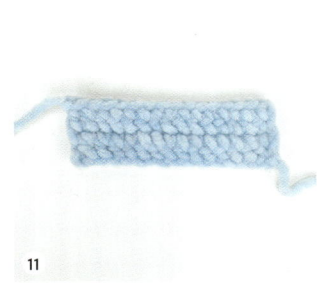   

11 12 13 14

리본 (하늘색 실)

사슬뜨기 16. 평면뜨기를 한다.

1단: 코바늘에서 두 번째 코부터 시작, 짧은뜨기 15, 사슬뜨기 1, 방향 바꾸기 [15]

2~3단: 짧은뜨기 15, 사슬뜨기 1, 방향 바꾸기 [15]

4단: 짧은뜨기 15 [15]

실을 특히 길게 남기고 매듭지어 마무리한다(사진 11). 이 실 끝을 이용하여 길게 뜬 띠의 양 끝을 꿰매어 고리 모양으로 만든다(사진 12). 연결 솔기를 뒤쪽에 놓고, 중간에서 이 고리를 두 손가락으로 집는다(사진 13). 남은 실 끝으로 집은 중간을 팽팽하게 5~6회 정도 감는다. 실 끝을 돗바늘에 꿰어 리본 뒷면으로 보내고 풀어지지 않도록 매듭을 짓는다(사진 14). 리본을 목걸이 옆면에 꿰매어 붙인다.

플러시 고래
와일더

와일더에게 큰 바다는 광활하고 외로운 곳이었습니다. '윈'이라는 친구를 사귀기 전까지는 말이죠. 윈은 와일더의 지느러미를 잡고 큰 바다로 데려갔습니다. 그리고 그곳에 사는 다른 바다 동물들이 낯선 존재가 아닌 친구가 될 수 있음을, 깊고 어두운 바닷속이 무서운 곳이 아니라 스릴 만점의 모험을 즐길 수 있는 장소일 수 있음을 보여 주었답니다.

슈퍼 벌키사(6)
파란색(83m),
흰색(약간)

코바늘(H-8 또는 5mm)
흰색 미디엄사(눈 장식)
나사형 인형눈(18mm)
돗바늘, 솜
패브릭 접착제(선택 사항)

실고리로 원형코 만들기(17쪽),
평면뜨기(10쪽)

크기: 길이 25.5cm
(제시된 실로 떴을 때)

영감 얻기: 아래 코드를 스캔하거나
www.amigurumi.com/5218에서
다른 사람들의 작품을 보며 아이디어도 얻고
여러분의 작품도 게시해 주세요.

1 **2**

시작하기 전에 파란색 실 50cm 한 가닥을 자른다.

몸통 (파란색 실)

1단: 실고리로 원형코 만들기, 짧은뜨기 8 [8]

2단: (늘리기) ×8 [16]

3단: (짧은뜨기 1, 늘리기) ×8 [24]

4단: (짧은뜨기 3, 늘리기) ×6 [30]

5단: (짧은뜨기 4, 늘리기) ×6 [36]

6단: (짧은뜨기 5, 늘리기) ×6 [42]

7단: 짧은뜨기 42 [42]

8단: (짧은뜨기 13, 늘리기) ×3 [45]

9~15단: 짧은뜨기 45 [45]

16단: (짧은뜨기 13, 줄이기) ×3 [42]

17단: 짧은뜨기 17, 줄이기, 짧은뜨기 2(여기 두 번째 짧은뜨기에 스티치마커를 끼워서 고래 몸통 윗면 중심을 표시(사진 1)), 줄이기, 짧은뜨기 1, 줄이기, 짧은뜨기 16 [39]

18단: (짧은뜨기 11, 줄이기) ×3 [36]

19단: 짧은뜨기 14, 줄이기, 짧은뜨기 2, 줄이기, 짧은뜨기 1, 줄이기, 짧은뜨기 13 [33]

20단: (짧은뜨기 9, 줄이기) ×3 [30]

21단: 짧은뜨기 11, 줄이기, 짧은뜨기 2, 줄이기, 짧은뜨기 1, 줄이기, 짧은뜨기 10 [27]

22단: (짧은뜨기 7, 줄이기) ×3 [24]

23단: (짧은뜨기 6, 줄이기) ×3 [21]

잠시 뜨개질을 멈추지만, 마무리하지 않는다.

나사형 인형눈을 17~18단 사이에 꽂는데, 17단에서 끼운 스티치마커를 중심으로 양쪽 9코 아래에 꽂는다.

주의: 고래를 뒤에서 봤을 때 두 눈이 중심에서 같은 간격으로 있는지 확인한다(사진 2).

눈의 뒷면에 와셔를 단단하게 눌러 끼운다.

눈 장식과 주근깨

흰색 플러시사 두 가닥을 자르고, 그중 한 가닥을 돗바늘에 꿴다. 돗바늘을 몸통 뒤에 있는 구멍에 넣어 눈 뒤에서 빼낸다. 눈 뒤에서 작게 세 땀을 떠서 주근깨처럼 만든다(사진 3). 다시 몸통 안쪽을 통해 뒷구멍으로 실을 빼내어 풀리지 않도록 매듭을 짓는다. 남은 한 가닥으로 반대편에서도 주근깨를 만든다.

주의: 별도의 두 가닥을 사용하면 주근깨를 수놓은 곳과 보다 가까운 곳에서 매듭을 묶을 수 있어서 더 확실하게 풀리지 않게 할 수 있다.

③

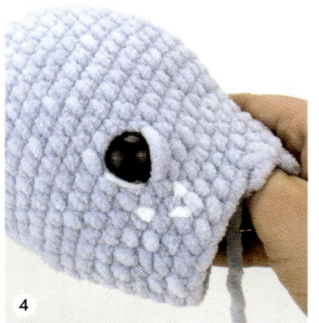
④

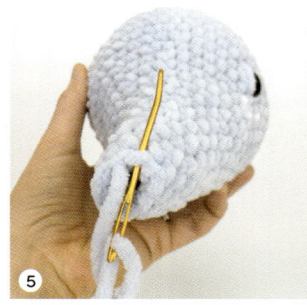
⑤

⑥

별도의 파란색 실 두 가닥을 자른다. 그중 한 가닥을 돗바늘에 꿰어 몸통 뒤에 있는 구멍에 넣어 눈 위에서 빼낸 뒤, 두 땀을 뜬다 (사진 3). 이 실이 풀어지지 않도록 매듭을 묶는다. 남은 한 가닥으로 반대편에서도 똑같이 두 땀을 뜬다. 마지막으로 흰색 미디엄사 두 가닥을 자른다. 그중 한 가닥을 돗바늘에 꿰어 몸통 뒤에 있는 구멍에 넣어 눈 밑에서 빼낸 뒤, 한 땀을 뜬다 (사진 4). 이 실이 풀어지지 않도록 매듭을 묶는다. 남은 한 가닥으로 반대편에서도 똑같이 한 땀을 뜬다.

주의: 실 또는 자수를 더 확실하게 고정하기 위해, 바늘땀 뒤의 뜨개실을 당기고 이쑤시개를 이용하여 바늘땀 뒤에 패브릭 접착제를 한두 방울 바른다. 그리고 바늘땀을 누른다.

있는 코의 각 코 앞고리에 실을 꿴 후, 꽉 잡아당겨서 구멍을 막는다 (사진 5). 실 끝을 보이지 않게 정리한다 (사진 6).

발 지느러미 (2개, 파란색 실)

1단: 실고리로 원형코 만들기, 짧은뜨기 4 [4]
2단: (짧은뜨기 1, 늘리기) ×2 [6]
3단: (짧은뜨기 1, 늘리기) ×3 [9]
4~6단: 짧은뜨기 9 [9]
발 지느러미에는 솜을 채우지 않아도 된다.
다음 단은 두 겹을 함께 떠서 구멍을 막는다 (사진 7).

몸통에 솜을 채우고 계속 몸통을 뜬다.
24단: 짧은뜨기 21 [21]
25단: (짧은뜨기 5, 줄이기) ×3 [18]
26단: 짧은뜨기 18 [18]
27단: (짧은뜨기 4, 줄이기) ×3 [15]
28단: 짧은뜨기 15 [15]
29단: (짧은뜨기 3, 줄이기) ×3 [12]
계속 뜨면서 몸통에 솜을 채운다.
30단: 짧은뜨기 12 [12]
31단: (짧은뜨기 2, 줄이기) ×3 [9]
32단: 짧은뜨기 9 [9]
실을 길게 남기고 자른 뒤 매듭지어 마무리한다. 돗바늘을 이용하여 남아

7 8 9 10

마감 단: 짧은뜨기 4 [4] (사진 8)

실을 길게 남기고 매듭지어 마무리한다. 남은 코는 뜨지 않고 그대로 둔다.

발 지느러미를 몸통의 눈에서 2단 뒤, 2코 아래에 꿰매어 붙인다.

꼬리지느러미 (2개, 파란색 실)

1단: 실고리로 원형코 만들기, 짧은뜨기 4 [4]

2단: (짧은뜨기 1, 늘리기) ×2 [6]

3단: (짧은뜨기 2, 늘리기) ×2 [8]

4단: (짧은뜨기 3, 늘리기) ×2 [10]

5단: (짧은뜨기 4, 늘리기) ×2 [12]

6단: (짧은뜨기 5, 늘리기) ×2 [14]

7단: (짧은뜨기 5, 줄이기) ×2 [12]

8단: (짧은뜨기 2, 줄이기) ×3 [9]

9단: (짧은뜨기 1, 줄이기) ×3 [6]

실을 길게 남기고 자른 뒤 매듭지어 마무리한다. 꼬리지느러미에는 솜을 채우지 않아도 된다. 꼬리지느러미를 몸통 뒷면에 비스듬하게 꿰매어 붙인다(사진 9~10).

디자이너에 대하여

테리사 키처Theresa Kicher는 미국 웨스트버지니아주 중심부 외곽의 조용한 시골에서 거주하고 있어요. 남편 그리고 두 아들(7세, 5세)과 함께 즐겁게 생활하는 집에는 코바늘뜨개 동물들이 사는 동물원도 있습니다.(늘 문제를 일으키는 공룡을 제외하면 다행히 유순한 동물들이에요!)

요즘 테리사가 가장 많은 시간을 할애하는 일은 육아인데, 정말 바라던 일이지요. 아이들을 홈스쿨링하고, 요리하고, 도서관에 가는 것은 물론, 신이 창조한 아름다운 자연에서 시간을 보내는 것을 좋아하고 즐긴답니다.

테리사는 아이들을 보면서 작은 것들을 소중하게 여기고 어디에서나 영감을 찾을 수 있다는 것을 깨닫곤 합니다. 그녀는 다음에 만들 아미구루미 아이디어가 부족한 적이 결코 없습니다. 아이들과 함께 동물에 대한 책을 읽기도 하고 아이들이 끊임없이 제안을 해 주기 때문이죠. "엄마, 호랑이 상어나⋯ 올빼미를 만들어 주세요! 아니면 티라노사우루스를 나보다 크게요!"

테리사가 지금까지 디자인한 아미구루미 패턴은 150개가 넘지만, 세상에는 수없이 많은 동물이 있기 때문에 이제 막 시작한 셈입니다!

....

패턴을 테스트해 준 분들께 특별한 감사를 드립니다.

릴리야 카티킨, 마이(@diffuserbabies), 레미 뮤게, 로절린(@simply_rosalyn), 에밀리(@merrybright.cro-chet, @toneverlandwefly), 에이드리엔 웨버, 어맨다 프렌치, 애너그렛 시거트, 애슈턴 커컴, 바버라 로만, 비앙카 카롤키에비츠, 데비 이스트먼, 도라 시포시-야라시, 에스터 반 빈, 케이트 워, 로테 뇌르가르 페데르센, 루이자 웡, 루이사 윌렘, 루트하르더 판 데이크, 마리안 로스크비스트, 마리스카 판 덴 베르흐, 매를린 메르턴스, 산드라 벨레발, 산드라 정, 섀넌 키시보우, 실케 브리지먼, 아스트리드 마크맨, 크리스티나 포데로, 앨리스 반 덴 포엘, 일론카 라데니우스, 이리스 동고, 재스민 반 빈스버겐, 질 콘스턴틴, 히메나 보우소, 크리스티 랜드마아, 세리나 추

....